教科書ワーク
もくじ

教育出版版
かん字1ねん

【イラスト】かつまたひろこ、久保田彩子

ひらがな・かたかなの　れんしゅうを　しよう

きほんのワーク

あいうえお・アイウエオ

あ　あ

い　い

う　う

え　え

お　お

あひる
あさ

いぬ
いるか

うま
うみ

えき
えんとつ

おに
おやこ

ア　ア

イ　イ

ウ　ウ

エ　エ

オ　オ

べんきょうした日
月　日

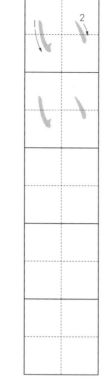

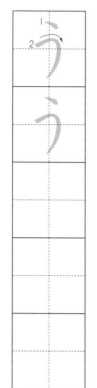

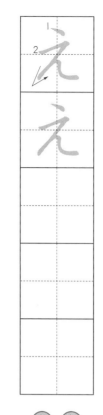

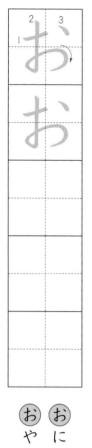

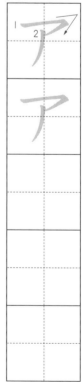

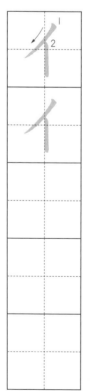

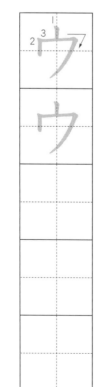

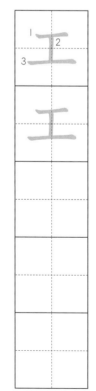

ひらがな・かたかなの　れんしゅうを　しよう

きほんのワーク

かきくけこ・カキクケコ

べんきょうした日　月　日

か　か

き　き

く　く

け　け

こ　こ

かえる

しか

きつつき

かき

くま

つくえ

けいと

とけい

ことり

こま

カ　カ

キ　キ

ク　ク

ケ　ケ

コ　コ

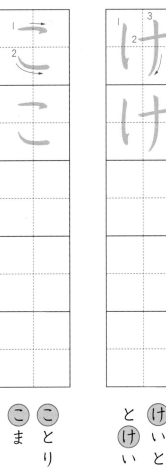

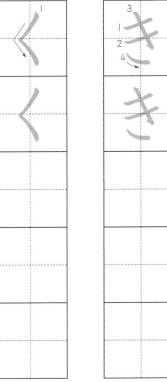

ひらがな・かたかなの　れんしゅうを　しよう

きほんのワーク

さしすせそ・サシスセソ

さ さ

し し

す す

せ せ

そ そ

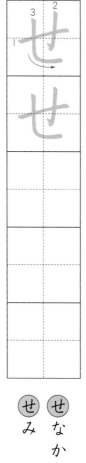

さんま
かさ

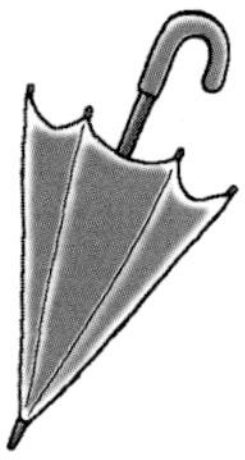

しまうま
はし

すいか
ふんすい

せなか
せみ

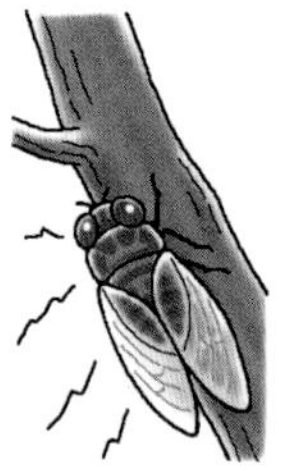

そら
そり

サ サ

シ シ

ス ス

セ セ

ソ ソ

べんきょうした日

月　日

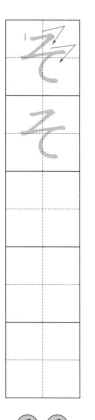

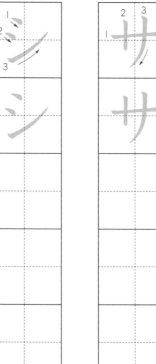

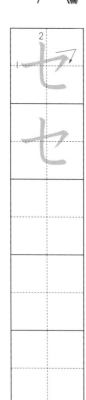

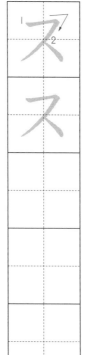

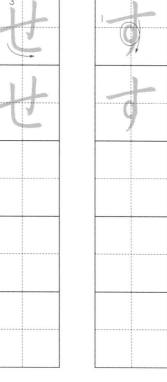

ひらがな・かたかなの れんしゅうを しよう

きほんのワーク

たちつてと・タチツテト

た た

ち ち

つ つ

て て

と と

たこ
ほたる

はち
ちくわ

つみき
くつ

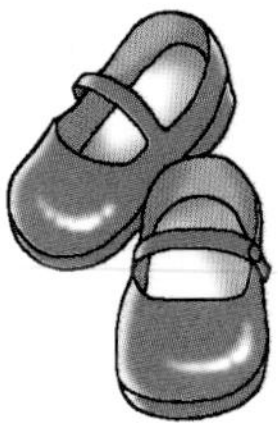

て
こうてい

とら
ふとん

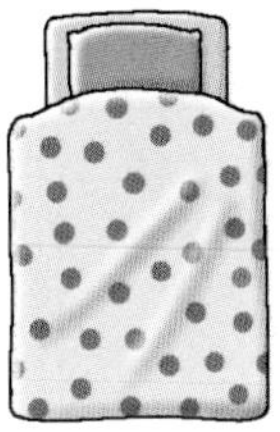

タ タ

チ チ

ツ ツ

テ テ

ト ト

べんきょうした日
月 日

ひらがな・かたかなの　れんしゅうを　しよう

きほんのワーク

なにぬねの・ナニヌネノ

なな

にに

ぬぬ

ねね

のの

なまえ　なのはな

にわとり　かに

ぬりえ　たぬき

ねこ　きつね

のり　きのこ

ナナ

ニニ

ヌヌ

ネネ

ノノ

べんきょうした日

月　日

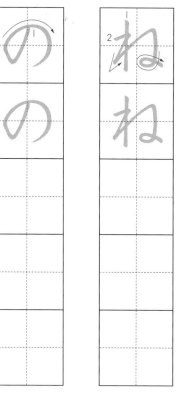

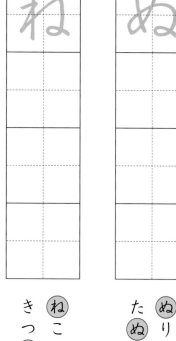

ひらがな・かたかなの　れんしゅうを　しよう

きほんのワーク

はひふへほ・ハヒフヘホ

は　は

ひ　ひ

ふ　ふ

へ　へ

ほ　ほ

はな
はと

ひまわり
ひよこ

ふうせん
ふね

へちま
へそ

ほし
えほん

ハ　ハ

ヒ　ヒ

フ　フ

ヘ　ヘ

ホ　ホ

べんきょうした日
月　日

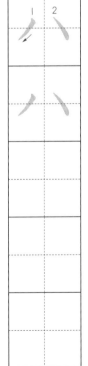

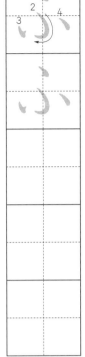

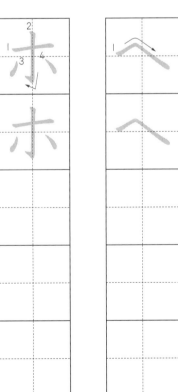

ひらがな・かたかなの　れんしゅうを　しよう

きほんのワーク

まみむめも・マミムメモ

ま
ま

み
み

む
む

め
め

も
も

まめ
まくら

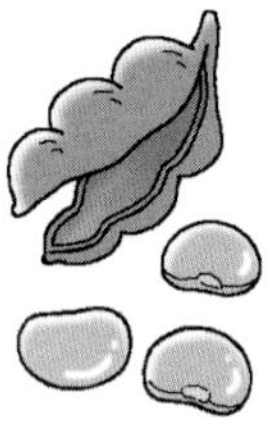

みみ
みかん

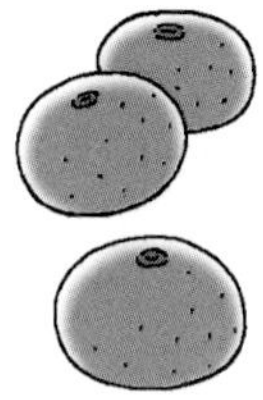

むし
かたつむり

おひめさま
ゆめ

もり
かもめ

マ
マ

ミ
ミ

ム
ム

メ
メ

モ
モ

べんきょうした日

月　日

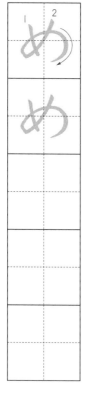

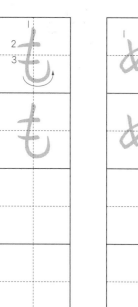

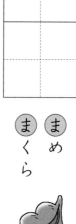

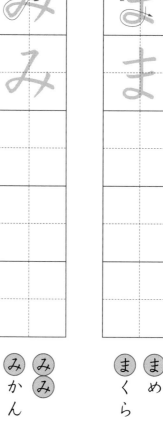

ひらがな・かたかなの　れんしゅうを　しよう

きほんのワーク

やゆよ・ヤユヨ

べんきょうした日
月　日

や　や

ゆ　ゆ

よ　よ

(や)ま
(や)さい

(ゆ)き
(ゆ)うひ

(よ)る
(よ)うふく

ヤ　ヤ

ユ　ユ

ヨ　ヨ

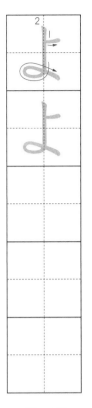

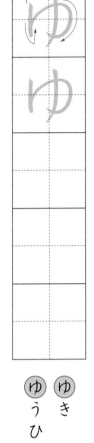

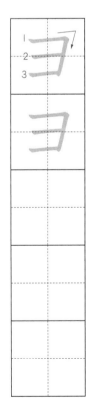

ひらがな・かたかなの　れんしゅうを　しよう

きほんのワーク

らりるれろ・ラリルレロ

ら ら

り り

る る

れ れ

ろ ろ

らくだ
さくら

りす
あり

さる
くるま

すみれ
あられ

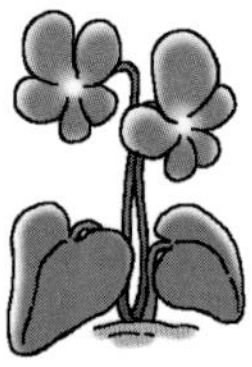

ろうか
せんろ

ラ ラ

リ リ

ル ル

レ レ

ロ ロ

べんきょうした日

月　日

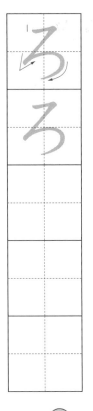

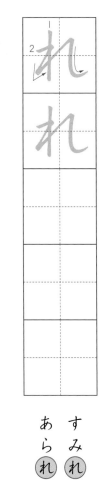

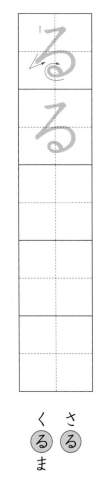

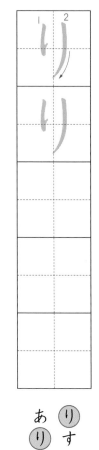

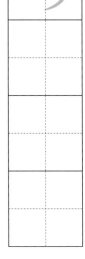

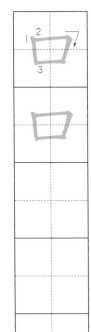

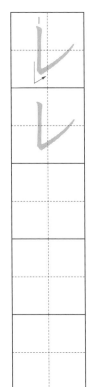

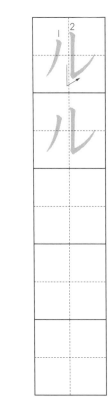

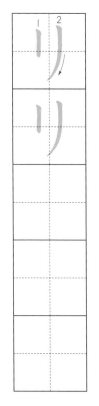

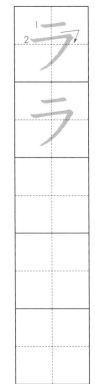

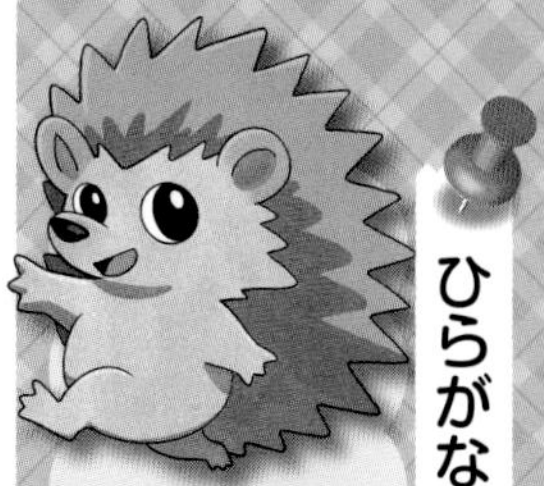

ひらがな・かたかなの　れんしゅうを　しよう

きほんのワーク

わをん・ワヲン

わ　わ

を　を

ん　ん

わに

かわ

じを　かく

めを　みる

やかん

きりん

ワ　ワ

ヲ　ヲ

ン　ン

じょうずに　かけるように
なったかな。
くりかえし　れんしゅうし
よう。

べんきょうした日
月　日

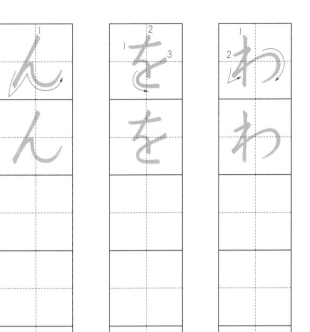

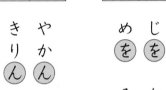

きほんの ワーク

にて いる もじ

1 えを　みて、□に　あう　じを　かきましょう。

い　か

□—□

□—□—□

こ　に　んこん

2 えに　あう　ことばを　えらんで、——せんで　むすびましょう。

①  ・　　・ はし

②  ・　　・ ほし

③  ・　　・ かき

④  ・　　・ かさ

こたえ 1ページ

べんきょうした日
月　日

きほんの ワーク

てんの つく もじ

こたえ 1ページ

べんきょうした日
月 日

1 てん゛が つくと、ことばが かわります。つぎの えを みて、なまえを □に かきましょう。うすい じは なぞりましょう。

①  さる —  □□

②  かき —  □□

③  まと — 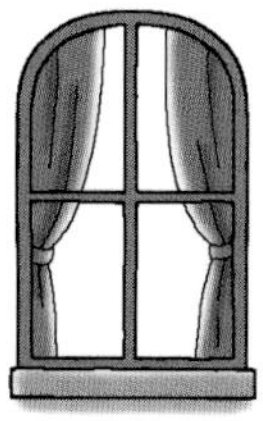 □□

2 えを みて、てん゛の つく じを □に かきましょう。

①  □ん□り

②  □んわ

③  め□か

④  にん□ん

⑤ 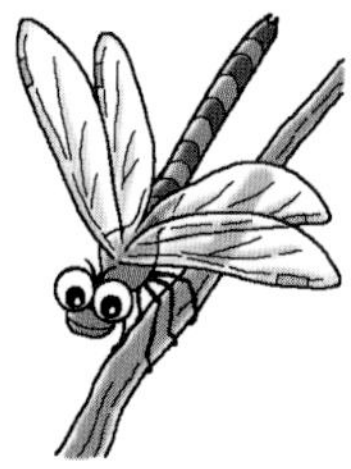 とん□

きほんのワーク

まるの　つく　もじ

こたえ　1ページ

べんきょうした日
月　日

1 ちがいに　きを　つけて、□に　あう　てん゛や　まる゜の　つく　じを　かきましょう。

(1)

① 

たん□

② 

たん□□

(2)

① 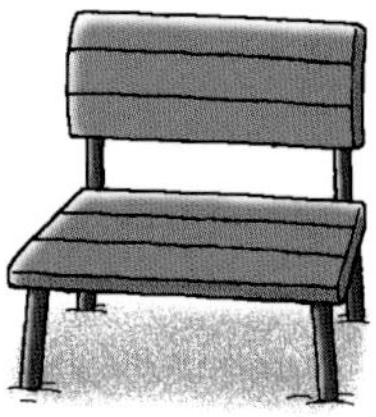

□んち

② 

□んぎん

2 えを　みて、まる゜の　つく　じを　□に　かきましょう。

① 

えん□つ

② 

てん□ら

③ 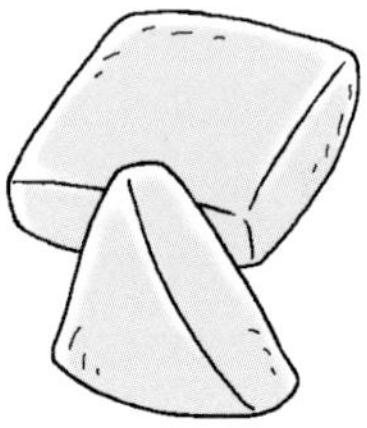

はん□ん

④ 

さん□

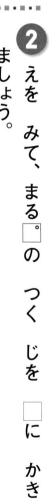

きほんのワーク

のばす「あ・い・う・え・お」の つく ことば

こたえ 1ページ

べんきょうした日　月　日

1 えを みて、ただしい かきかたに ○を つけましょう。

① 
あ（　）とけい
い（　）とけえ

② 
あ（　）ひこうき
い（　）ひこおき

③ 
あ（　）せんせえ
い（　）せんせい

④ 
あ（　）おねいさん
い（　）おねえさん

⑤ 
あ（　）ぼうし
い（　）ぼおし

2 かぞくの ひとの よびかたを かきましょう。

① おか□さん

② おと□さん

③ おば□さん

④ おじ□さん

⑤ おと□と

⑥ いも□と

わたし

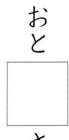

きほんのワーク

しりとりあそび

1 えに あう ことばを かいて、しりとりを しましょう。うすい じは なぞりましょう。

2 えに あう ことばを かいて、しりとりを しましょう。うすい じは なぞりましょう。

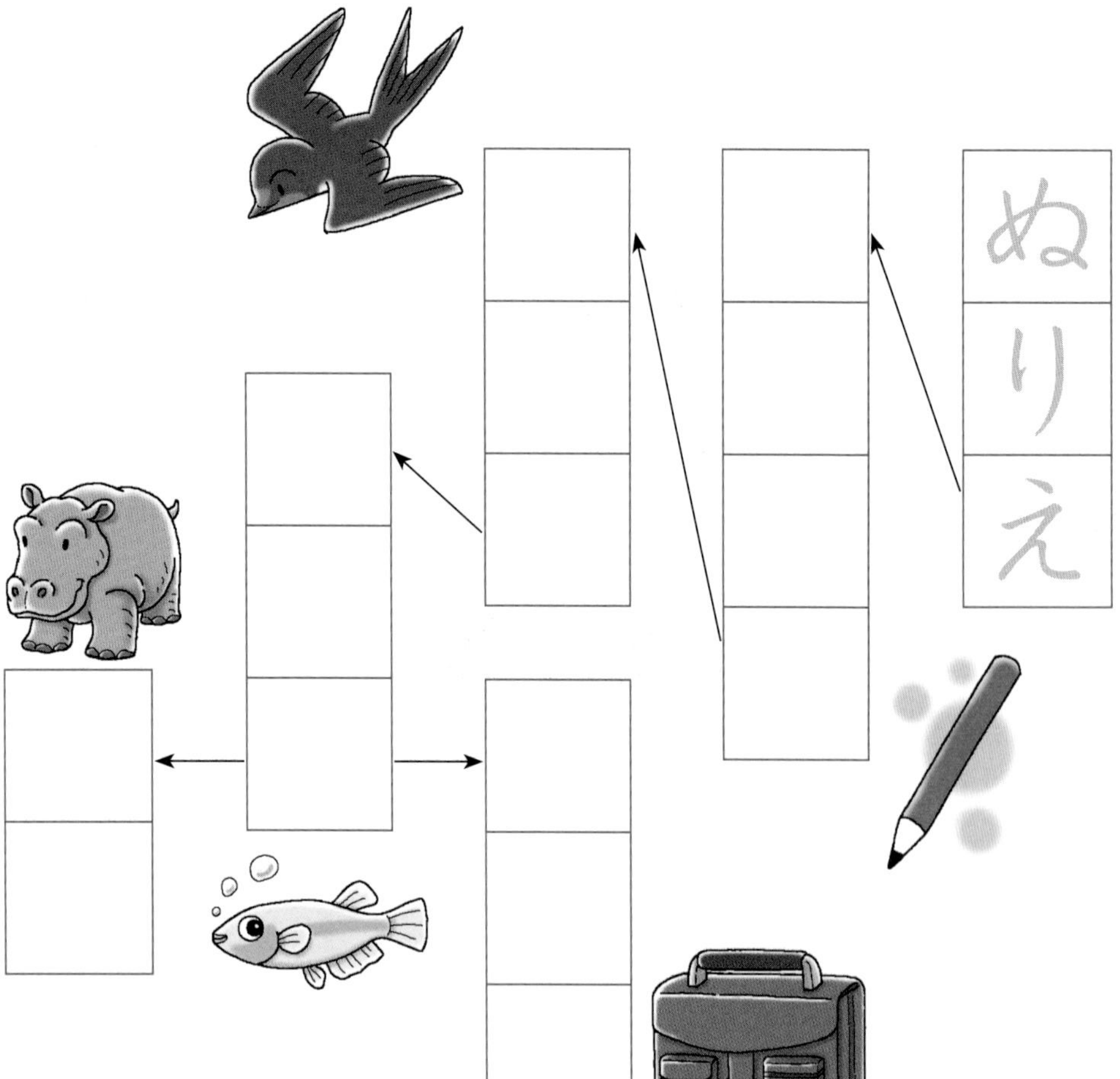

こたえ 2ページ

べんきょうした日
月 日

きほんのワーク

ちいさな「っ」の つく ことば

こたえ 2ページ

べんきょうした日
月 日

1 えに あう ことばを えらんで、――せんで むすびましょう。

(1)

①  ・　　・ねこ

②  ・　　・ねっこ

(2)

①  ・　　・まくら

②  ・　　・まっくら

2 えを みて、なまえを ひらがなで かきましょう。

① 

② 

3 つぎの ぶんの なかで、ちいさく かく じを ○で かこみましょう。

きつねと たぬきが
はらつぱで
かけつこを しました。

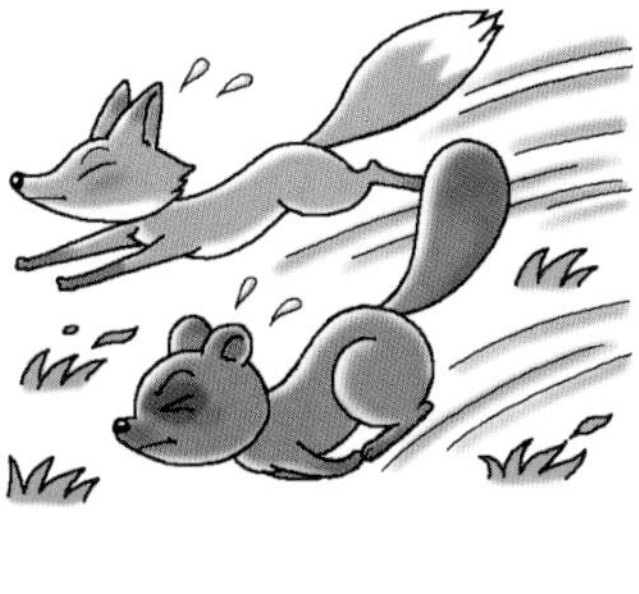

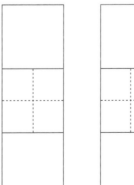

きほんのワーク

ちいさな「ゃ・ゅ・ょ」の つく ことば

こたえ 2ページ

べんきょうした日 月 日

1 えに あう ことばを えらんで、——せんで むすびましょう。

(1)

①  ・ ・びよういん

② 

・ ・びょういん

(2)

①  ・ ・いしや

②  ・ ・いしゃ

2 えを みて、ただしい かきかたに ○を つけましょう。

① 

あ（ ）でんしや

い（ ）でんしゃ

② 

あ（ ）ちょうちょ

い（ ）ちようちよ

3 えを みて、□に あう じを かきましょう。

① 

ぎ□うに□う

②  きんぎ□

③  じてんし□

きほんのワーク

「わ」と「は」、「お」と「を」、「え」と「へ」

こたえ　2ページ

べんきょうした日　　月　　日

1 ただしい　ほうに　○を　つけましょう。

①
ⓐ（　）がっこうへ　いく　じかんです。
ⓘ（　）がっこうえ　いく　じかんです。

②
ⓐ（　）ねこお　かって　います。
ⓘ（　）ねこを　かって　います。

③
ⓐ（　）ぼくは　いちねんせいです。
ⓘ（　）ぼくわ　いちねんせいです。

④
ⓐ（　）おりがみで　つるを　おる。
ⓘ（　）おりがみで　つるお　おる。

2 つぎの　□に、あう　ほうの　じを　かきましょう。

①　おね□（え・へ）さんと　いっしょに、こうえん□（え・へ）あそびに　いきました。

②　おとうさん□（わ・は）しんぶん□（お・を）よんで　います。

③　に□（わ・は）で□（お・を）にごっこ□（お・を）して　あそびました。

きほんのワーク
けんかした 山

きょうかしょ ㊤98～104ページ
こたえ 2ページ

べんきょうした日 月 日

◆「よみかた」の あかい じは きょうかしょで つかわれて いる よみです。

けんかした 山

山（ながく／すこし だす）

よみかた
サン
やま

山山山
3かく

98ページ

つかいかた
ふじ山《さん》を ながめる。
火山《かざん》が ふんかする。
たかい 山《やま》に のぼる。

よんで みよう、かいて みよう。

① （　　） 山に のぼる。
② たかい （　　） 山。
③ きゅうな □《やま》 みち。
④ □《やま》 おくの いえ。

日

よみかた
ニチ　ジツ
ひ　か

日日日日
4かく

98ページ

つかいかた
日《にち》よう日《び》は きゅう日《じつ》です。
お日《ひ》さまが まぶしい。
三月三日《さんがつみっか》は ひなまつり。

よんで みよう、かいて みよう。

① こどもの （　　） 日。
② （　　） 日づけが かわる。
③ はつ □《ひ》 ので。
④ □《ひ》 かげに なる。

月

はらう　はねる

よみかた

ゲツ　ガツ

つき

月月月月

4かく

99ページ

つかいかた

きょうは　月《げつ》よう日《び》だ。
ぼくは　一月《いちがつ》うまれだ。
まるい　お月《つき》さま。
三日月《みかづき》が　でる。

できかた

よぞらに　かがやく　みかづきの　かたちから　できました。

⇩
月

よんで　みよう、かいて　みよう。

① （　　）月を　みる。

② （　　）月の　ひかり。

③ □《つき》が　でる。

④ きれいな　□《つき》。

火

とめる　はらう

よみかた

カ

ひ　（ほ）

火火火火

4かく

100ページ

つかいかた

火《か》じに　なる。
火山《かざん》の　ある　くに。
火《ひ》の　ようじん。
はな火《び》が　あがる。

できかた

ひが　もえて　いる　ようすから　できました。

⇩ 火 ⇩ 火

かきじゅんにも　きを　つけましょう。

○　丶　丷　少　火

×　ノ　人　火　火

よんで　みよう、かいて　みよう。

① ストーブの　（　　）火を　けす。

② （　　）火に　あたる。

③ □《ひ》を　おこす。

④ たき□《び》を　する。

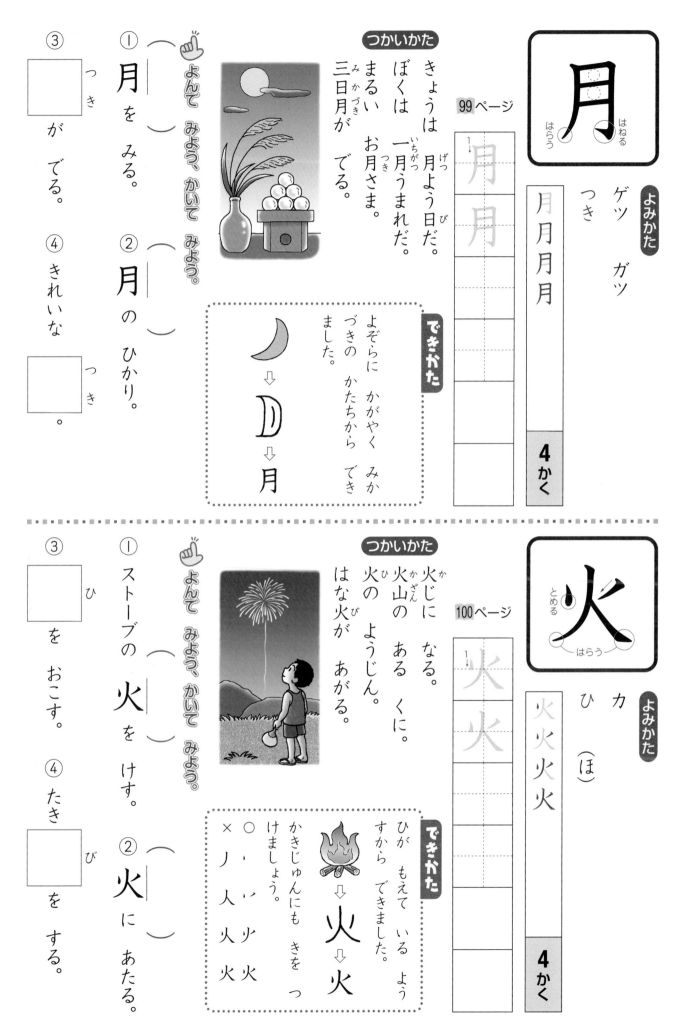

木

はらう　はらう　とめる

よみかた
ボク　モク
き　こ

4かく

100ページ

つかいかた

さくらの　たい木《ぼく》。
ざい木《もく》を　はこぶ。
おおきな　木《き》に　のぼる。
木《こ》かげで　やすむ。

できかた

きの　かたちから　できました。

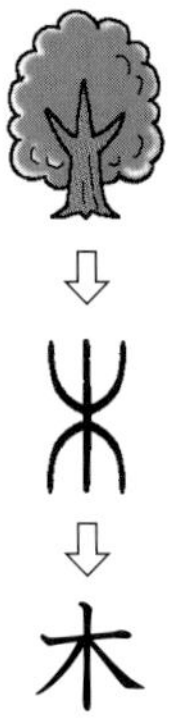

ねを　しっかり　はって、えだを　ひろげて　たって　いる　ようすです。

よんで　みよう、かいて　みよう。

① たかい　木（　　）。
② 木（　　）で　いすを　つくる。
③ □《き》を　うえる。
④ かきの　□《き》が　そだつ。

一

とめる

よみかた
イチ　イツ
ひと　ひとつ

1かく

103ページ

つかいかた

一《いち》ねんの　はじまり。
ひゃくえん　きん一《いっ》。
つかれたので　一《ひと》やすみ。
りんごを　一《ひと》つ　かう。

できかた

ものが　ひとつ　あることを　しめす　しるしから　できました。

一 ⇩ 一

「一」は、かずの　はじめなので、「はじめ」と　いう　いみも　あります。

よんで　みよう、かいて　みよう。

① 一（　　）ねんせい。
② 一月（　　）に　なる。
③ □《いち》ばんぼし。
④ □《いち》ねんが　たつ。

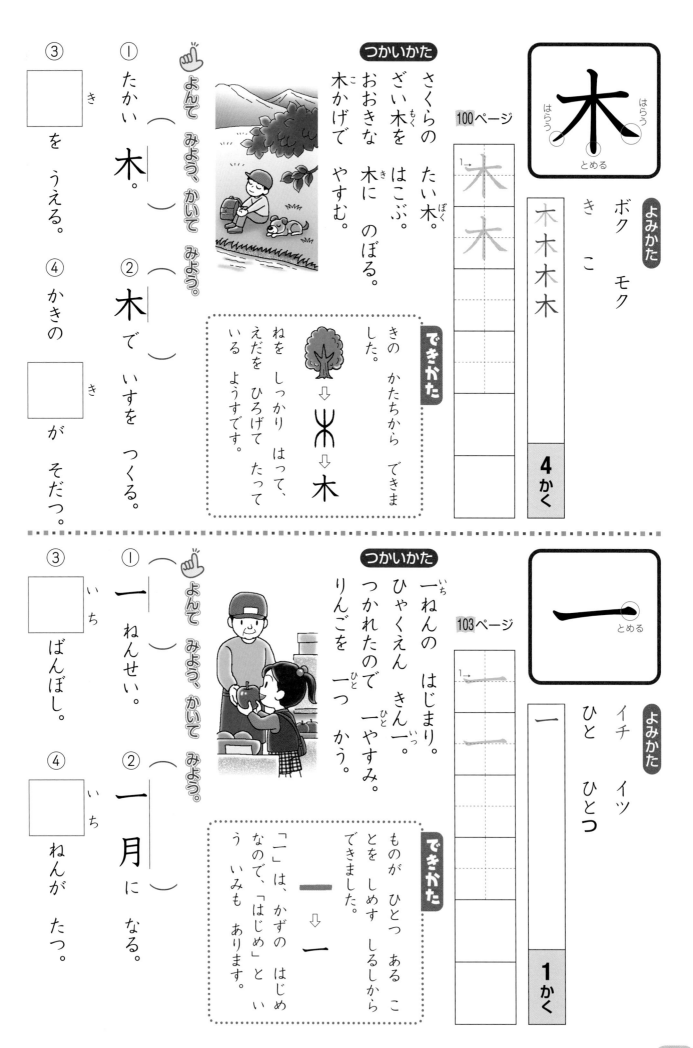

二

みじかく
ながく

よみかた
ニ
ふた　ふたつ

2かく

103ページ

つかいかた
二《に》ねんの　月日。
二《に》ひきの　こねこ。
さとう　二《ふた》さじ。
いちごを　二《ふた》つ　たべる。

できかた
ものが　ふたつ　ある　ことを　しめす　しるしから　できました。
＝　⇩　二
したの　よこぼうを　ながく　かきましょう。

よんで　みよう、かいて　みよう。

① ノートが　（　　）二さつ。
② （　　）二かいに　あがる。
③ □《に》ほんの　木。
④ りんごが　□《に》こ。

三

すこし　みじかく
さいごは　ながく

よみかた
サン
み　みつ　みっつ

3かく

103ページ

つかいかた
三《さん》ねんが　たつ。
三《み》日《か》月《づき》が　みえる。
三《み》つごの　あかちゃん。
三《みっ》つの　かき。

できかた
ものが　みっつ　ある　ことを　しめす　しるしから　できました。
≡　⇩　三
かたかなの　「ミ」は、この　「三」から　できた　じです。

よんで　みよう、かいて　みよう。

① （　　）三とうの　うま。
② （　　）三さつの　ほん。
③ 一ねん　□《さん》くみ。
④ □《さん》じの　おやつ。

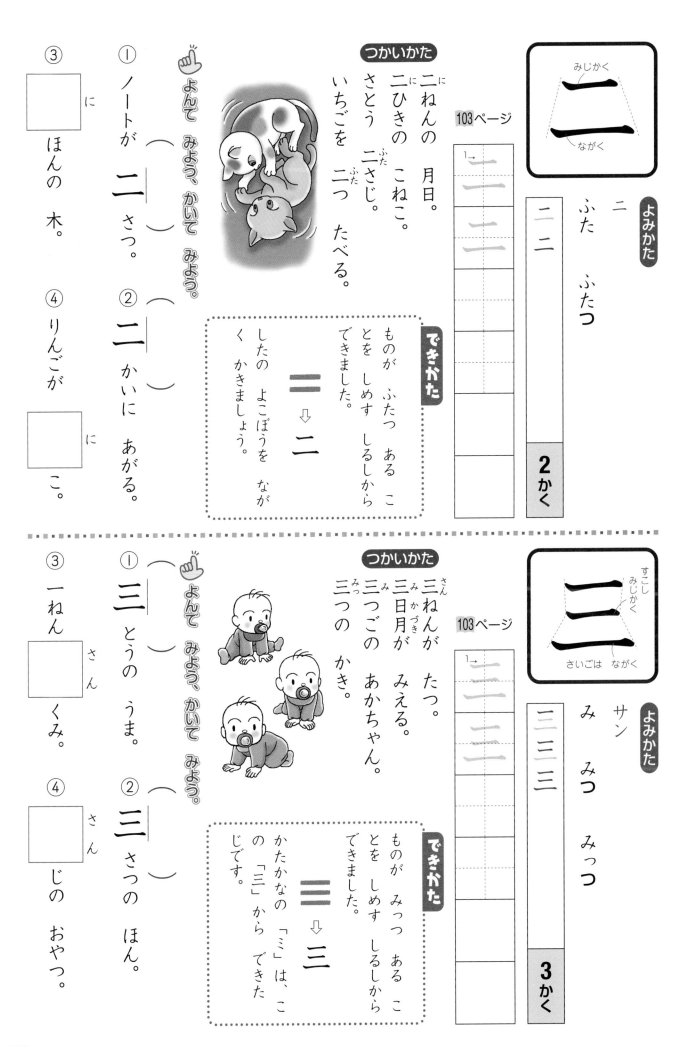

れんしゅうのワーク けんかした 山

きょうかしょ 上98〜104ページ
こたえ 2ページ

べんきょうした日　月　日

1 あたらしい かんじを よみましょう。

① 98ページ たかい 山（　）。
② お日（　）さまが でる。
③ お月（　）さまを みる。
④ 火（　）を ふきだす。
⑤ みどりの 木（　）。

⑥ 一（　）ねん たつ。
⑦ 二（　）ねん たつ。
⑧ 三（　）ねん たつ。
⑨ 山（　）のぼりを する。
⑩ きねん 日（　）を いわう。

⑪ はな 火（　）を する。
✿⑫ ここから はってん 火山（　）の いし。
✿⑬ 日（　）よう日に あそぶ。
✿⑭ がん日（　）の はつもうで。
✿⑮ 月（　）よう日の じかんわり。

2 あたらしい かんじを かきましょう。

✿は あたらしい かんじの べつの よみかたです。

① 98ページ □《やま》を おりる。

② お□《ひ》さまが しずむ。

③ きれいな お□《つき》さま。

④ ろうそくの □《ひ》。

⑤ おおきな □《き》。

⑥ □《いち》ねんの おわり。

⑦ □《に》ねん くらす。

⑧ □《さん》ねんごに あう。

ここから はってん

✿⑨ うつくしい □《か》□《ざん》。

✿⑩ きょうは □《にち》ようびだ。

✿⑪ がん□《じつ》の あさ。

✿⑫ □《げつ》ようびの てんき。

3 もう いちど あたらしい かんじを かきましょう。

① □《いち》ねんせいに なる。

② にわの □《き》。

③ □《に》ひきの さかな。

④ □《やま》の うえ。

⑤ □《ひ》が きえる。

⑥ □《さん》まいの おさら。

⑦ □《ひ》なたぼっこ。

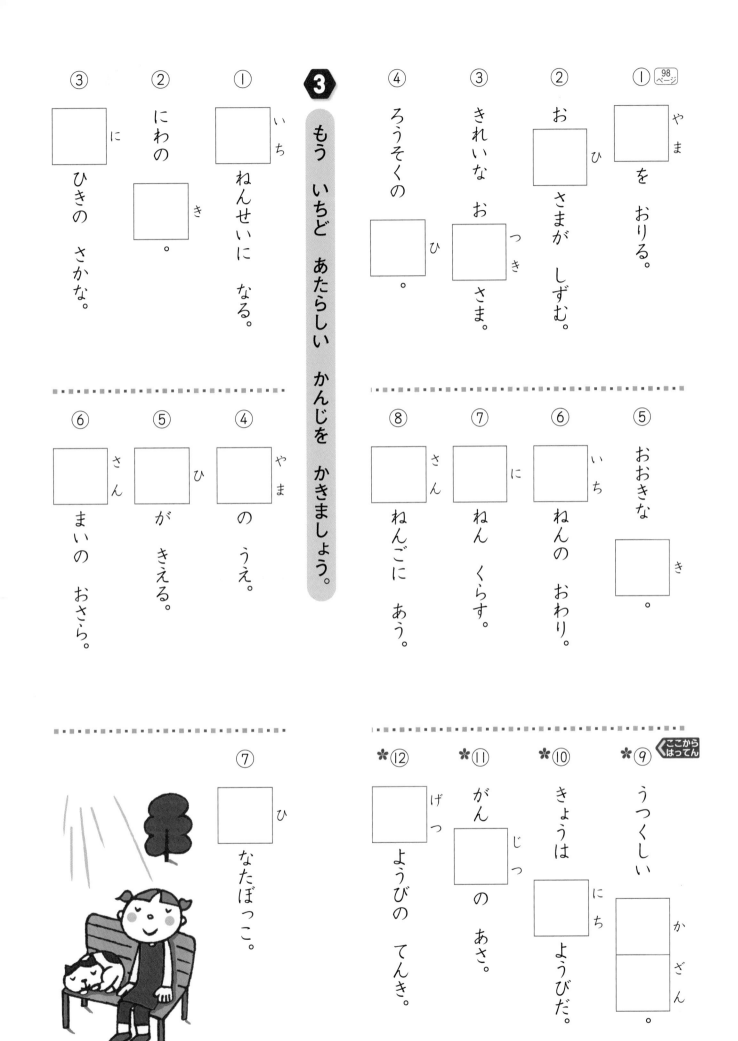

きほんのワーク

かん字の はじまり

きょうかしょ ㊤105〜107ページ

こたえ 3ページ

べんきょうした日　月　日

◆「よみかた」の あかい 字は きょうかしょで つかわれて いる よみです。

●かん字の はじまり

字

よみかた　ジ　（あざ）

字字字字字字　6かく

105ページ

つかいかた

かん字《じ》を ならう。
きれいな 字《じ》を かく。
すう字《じ》を かく。

よんで みよう、かいて みよう。

① かん字（　　）を おぼえる。
② すう字（　　）を かく。
③ □《じ》を かく。
④ かん□《じ》を よむ。

上

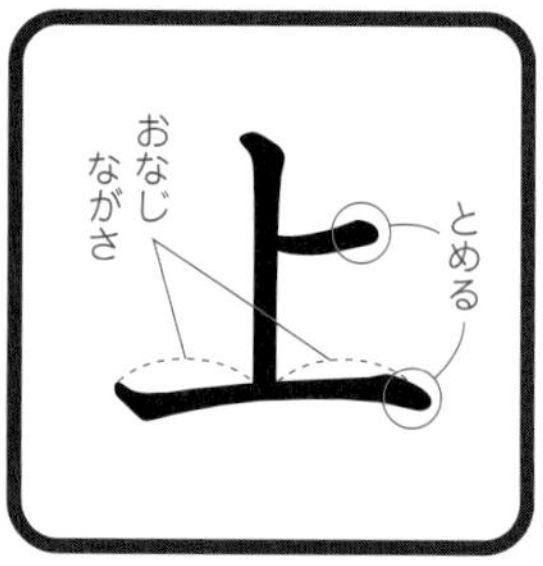

よみかた　ジョウ　（ショウ）
うえ　うわ　かみ　あげる　あがる
のぼる　（のぼせる）　（のぼす）

上上上　3かく

106ページ

つかいかた

やねの 上《うえ》。
てんまで 上《あ》がれ。
かいだんを 上《のぼ》る。

よんで みよう、かいて みよう。

① つくえの 上（　　）。
② 上（　　）から みおろす。
③ やねの □《うえ》に いる。
④ くもの □《うえ》。

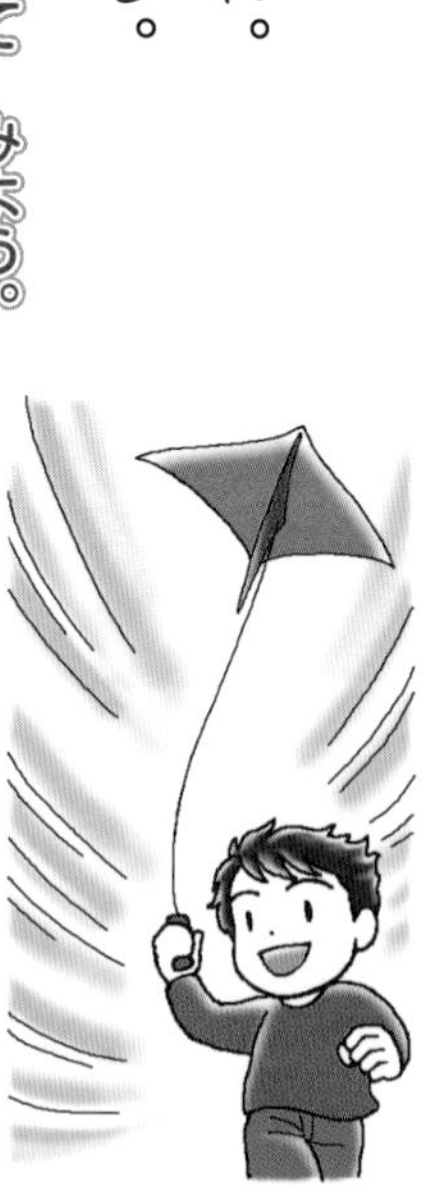

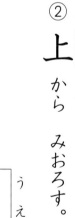

下

とめる

よみかた

カ　ゲ　した　しも　（もと）
さげる　さがる　くだる　くだす
くださる　おろす　おりる

下下下

3かく

106ページ

つかいかた

ち下《か》てつに　のる。
つくえの　下《した》。
あたまを　下《さ》げる。
山みちを　下《くだ》る。

できかた

したに　ものが　ある　ことを　しめす　しるしから　できました。

しるしが　⌒より　したに　あるので、したと　いう　いみに　なります。

よんで　みよう、かいて　みよう。

①　いすの　下。（　　）
②　下から　み上げる。（　　）
③　□《した》に　おく。
④　木の　□《した》で　ねる。

人

はらう　はらう

よみかた

ジン　ニン
ひと

人人

2かく

107ページ

つかいかた

こまの　めい人《じん》。
ゆう人《じん》が　できる。
三人《さんにん》　あつまる。
となりの　人《ひと》。

できかた

ひとが　たって　いる　かたちから　できました。

かきじゅんにも　きを　つけましょう。

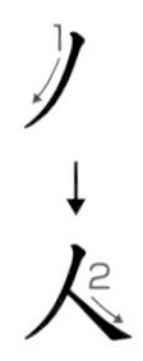

よんで　みよう、かいて　みよう。

①　おんなの　人。（　　）
②　しんせきの　人。（　　）
③　□《ひと》と　あう。
④　□《ひと》が　あつまる。

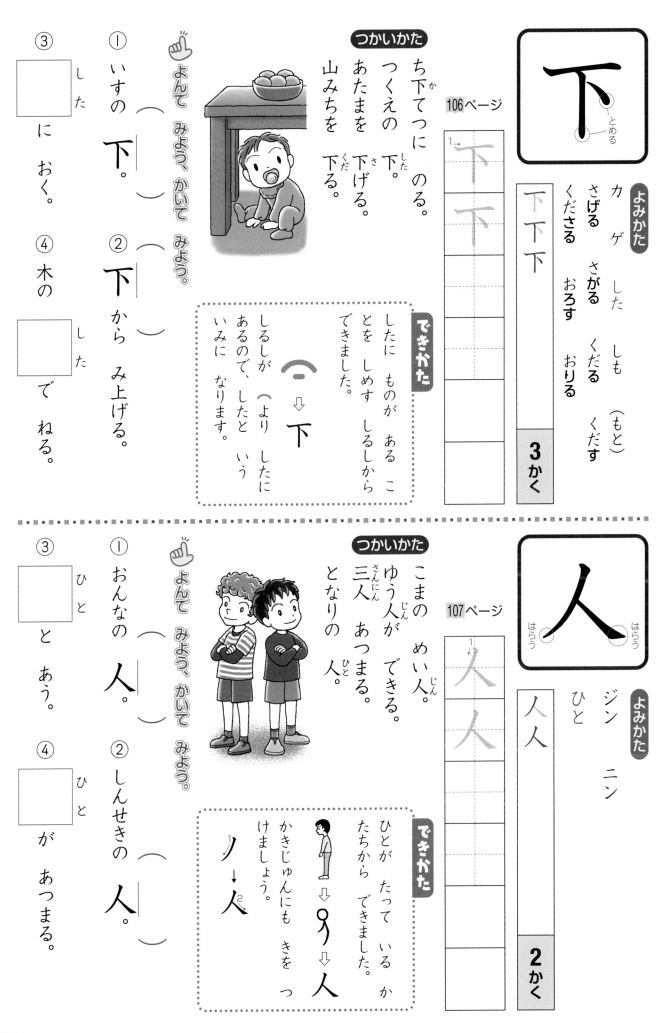

川

すこし みじかく
ながく
はらう

よみかた
（セン）
かわ

川川川

3かく

107ページ

つかいかた

川《かわ》の ながれ。
きれいな 川《かわ》。
川下《かわしも》に ながれる。
お川《がわ》の いきもの。

できかた

みずが ながれて いる かわの かたちから でき ました。

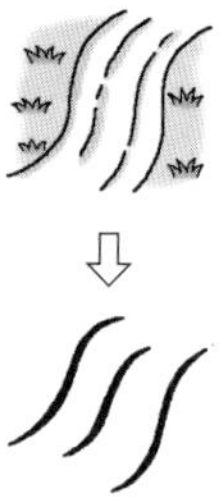
⇩
川

よんで みよう、かいて みよう。

① 川（　　）が ながれる。

② 川（　　）の みずが ます。

③ 山の なかの お[　]《がわ》。

④ [　]《かわ》で およぐ。

子

ながく
すこし まげる
はねる

よみかた
シ　ス
こ

子子子

3かく

107ページ

つかいかた

じょ子《し》が あそんで いる。
まわりの よう子《す》を みる。
げんきな 子《こ》。
かわいい 子《こ》いぬ。

できかた

こどもの すがたから できました。
三かいで かく ことに きを つけましょう。
○ ㇖ 了 子
× 了 子

⇩

⇩
子

よんで みよう、かいて みよう。

① 子（　　）ねこを かう。

② おやと 子（　　）。

③ [　]《こ》もりうた。

④ [　]《こ》どもたち。

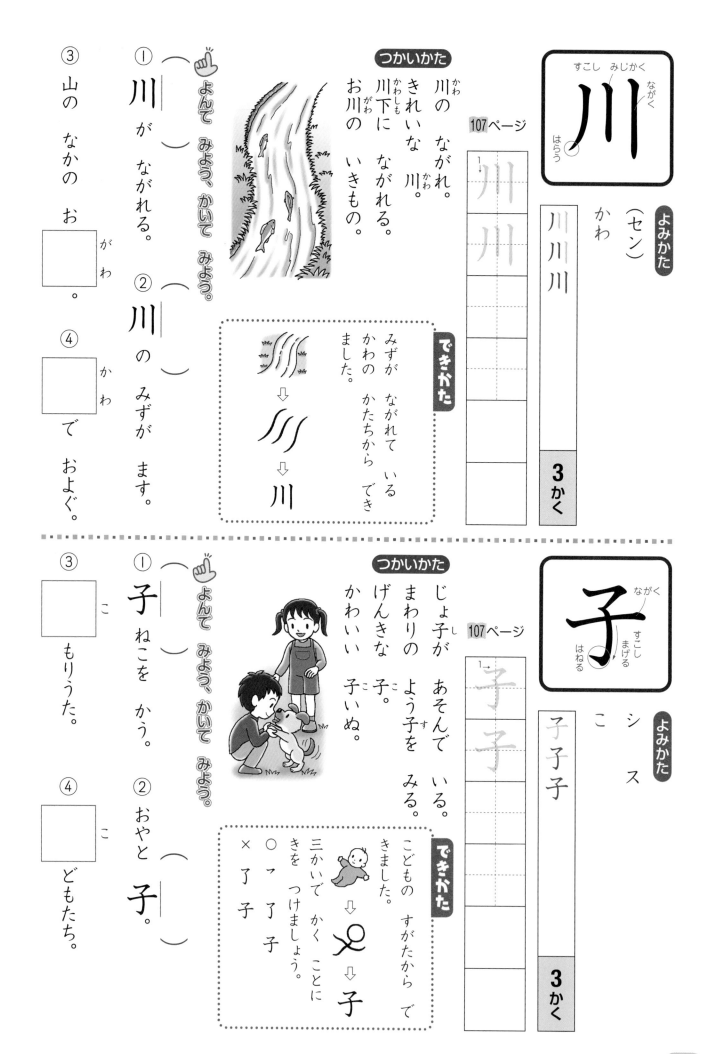

口

したを　みじかく

よみかた
コウ　ク
くち

口口口

3かく

107ページ

つかいかた

人口《じんこう》を　しらべる。
つよい　口《く》ちょう。
おおきく　口《くち》を　ひらく。
口《くち》げんかを　する。

できかた

くちの　かたちから　できました。

かく　ときは　四《よん》かいでは　なく、三かいで　かく　ことに　きを　つけましょう。

よんで　みよう、かいて　みよう。

①（　　）口ぶえを　ふく。
②（　　）口を　あける。
③ □《くち》を　おさえる。
④ □《くち》に　いれる。

田

つきだささない
つきだささない

よみかた
デン
た

田田田田田

5かく

107ページ

つかいかた

すい田《でん》が　ひろがる。
のどかな　田《でん》えん。
田《た》んぼで　かえるが　なく。
田《た》うえが　はじまる。

できかた

たんぼの　かたちから　できました。

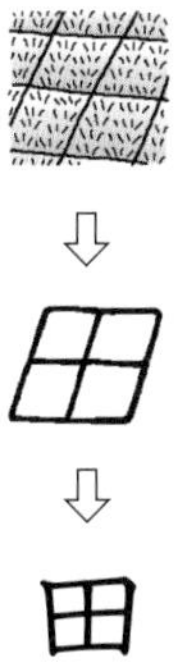

まんなかの　たてぼうや　よこぼうを　ださないように　きを　つけましょう。

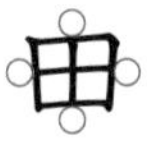

つきださない

よんで　みよう、かいて　みよう。

①（　　）田んぼの　みず。
②（　　）田に　みずを　ひく。
③ □《た》はたを　たがやす。
④ □《た》うえを　する。

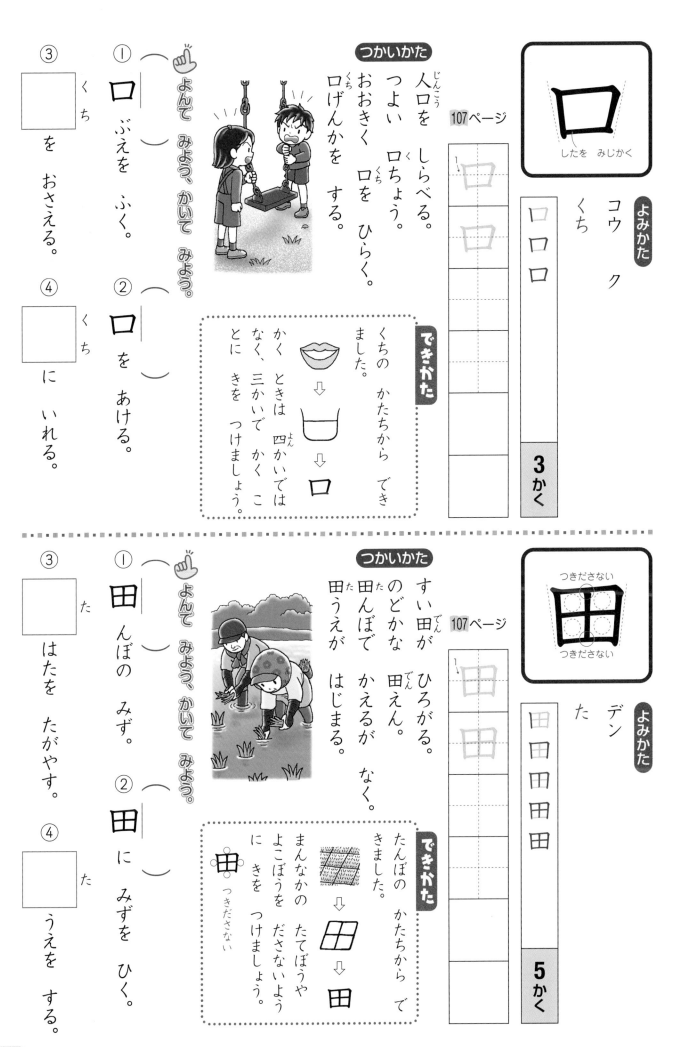

れんしゅうのワーク

かん字の　はじまり

きょうかしょ　上105～107ページ

こたえ　3ページ

べんきょうした日　月　日

1 あたらしい　かんじを　よみましょう。

① 105ページ　かん字（　）を　かく。

② 上（　）に　ある。

③ 下（　）に　おく。

④ 人（　）に　あう。

⑤ 川（　）が　ながれる。

⑥ 子（　）どもが　あそぶ。

⑦ 口（　）に　いれる。

⑧ 田（　）や　はたけ。

⑨ すう字（　）を　よむ。

⑩ 子（　）いぬの　せわ。

⑪ 田（　）んぼの　いね。

ここから　はってん

✿⑫ ねだんが　上（　）がる。

✿⑬ てを　下（　）げる。

✿⑭ 三人（　）の　ともだち。

✿⑮ じょ子（　）が　うたう。

2 あたらしい　かんじを　かきましょう。

✿は　あたらしい　かんじの　べつの　よみかたです。

十

おなじ くらい

すこし ながく

よみかた

ジュウ　ジッ（ジュッ）

とお　と

十 十

2かく

123ページ

つかいかた

十《じゅう》えんだま 一つ。
十《じっ》ぽんの えんぴつ。
もう 十日《とおか》 たった。
十人《じゅうにん》十《と》いろ。

おぼえよう

十《じっ》ぽん
十《じゅっ》ぽん

ただしくは「十《じっ》ぽん」と よみますが、「十《じゅっ》ぽん」と も よみます。

よんで みよう、かいて みよう。

①　十ぴきの いぬ。（　　）

②　十月の 十日。（　　）（　　）

③　□《じゅう》まい あつめる。

④　□《じっ》ぽんの ぼう。

あたらしい よみかたを おぼえる かん字

113ページ	117
木《こ》	一《ひとつ》
木《こ》のは	一《ひと》つ

122	122
二《ふたつ》	三《みっつ》
二《ふた》つ	三《みっ》つ

二かいずつ かいて れんしゅうしよう

四そう　五ひき　六つ　七はい　八まい　九つぶ　十ぽん

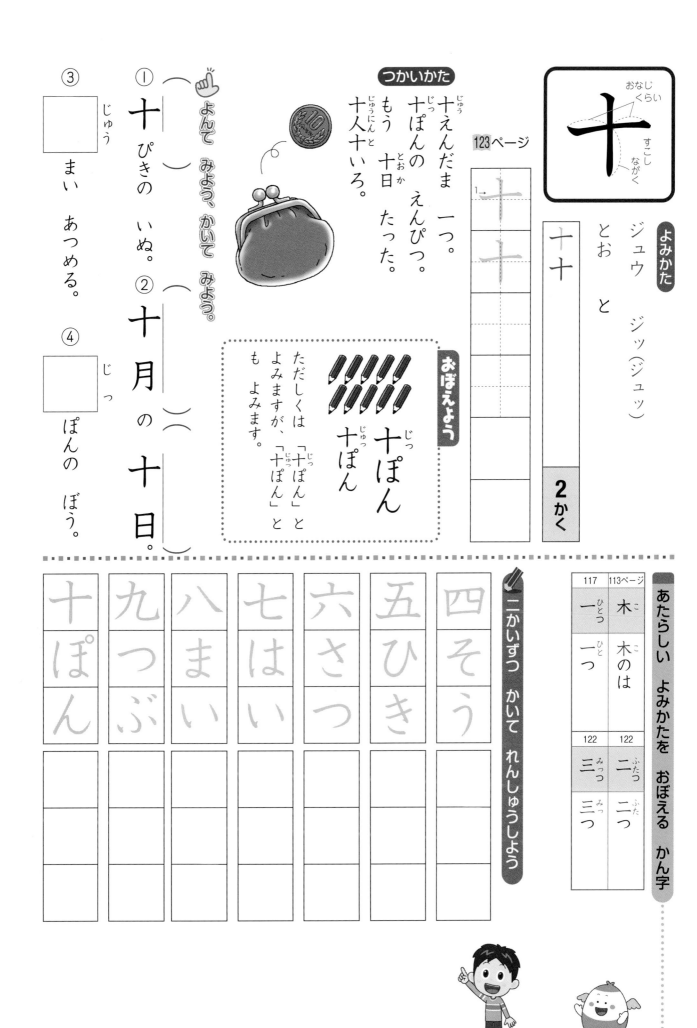

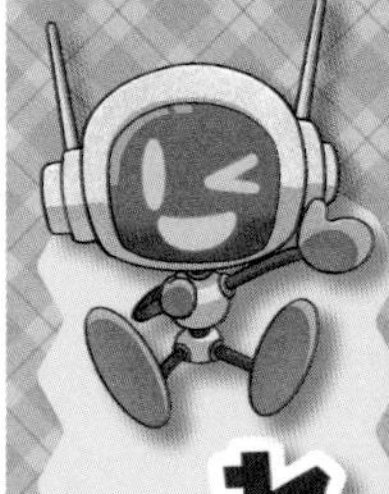

れんしゅうのワーク

だれが、たべたのでしょう　たのしかった　ことを　かこう／かぞえよう

きょうかしょ　㊤108～123ページ
こたえ　3ページ

べんきょうした日
月　日

1 あたらしい　かん字を　よみましょう。

① 108ページ　木（　）のはが　おちる。
② 116ページ　一（　）つ　えらぶ。
③ 120ページ　二（　）つの　コップ。
④ 三（　）つ　くばる。
⑤ 四（　）かくい　はこ。
⑥ 四（　）そうの　ふね。

⑦ 四人（　）で　あそぶ。
⑧ 四（　）つの　つみき。
⑨ 五（　）ひきの　ねこ。
⑩ 五（　）つか　六（　）つ　ある。
⑪ 六（　）さつの　えほん。
⑫ 七月（　）の　カレンダー。

⑬ 七（　）いろの　にじ。
⑭ みかんが　七（　）つ。
⑮ 八（　）まいの　シャツ。
⑯ 八（　）つの　たまご。
⑰ 九月（　）に　なる。
⑱ 九（　）つぶの　たね。

⑲ 九（　　）つの ボール。

⑳ 十月十日（　　）。

㉑ 十（　　）ぽんの えんぴつ。

2 あたらしい かん字を かきましょう。

① 108ページ □《こ》のはを ひろう。

② 116ページ あめを □《ひと》つ かう。

③ 120ページ □《ふた》つ とる。

④ □《みっ》つの □《し》かく。

⑤ □《よん》そうの ヨット。

⑥ □《よ》□《にん》と □《ご》ひき。

⑦ おもちゃが □《よっ》つ。

⑧ □《いつ》つ、□《むっ》つ。

⑨ □《ろく》さつの ノート。

⑩ もうすぐ □《しち》□《がつ》だ。

⑪ □《なな》いろの ひかり。

⑫ □《なな》つ、□《やっ》つ。

⑬ □《はち》まいの さら。

⑭ □《く》□《がつ》の ぎょうじ。

⑮ □《きゅう》つぶの まめ。

⑯ なしが □《ここの》つ。

⑰ □《じゅう》□《がつ》□《とお》□《か》。

⑱ □《じっ》ぽんの えだ。

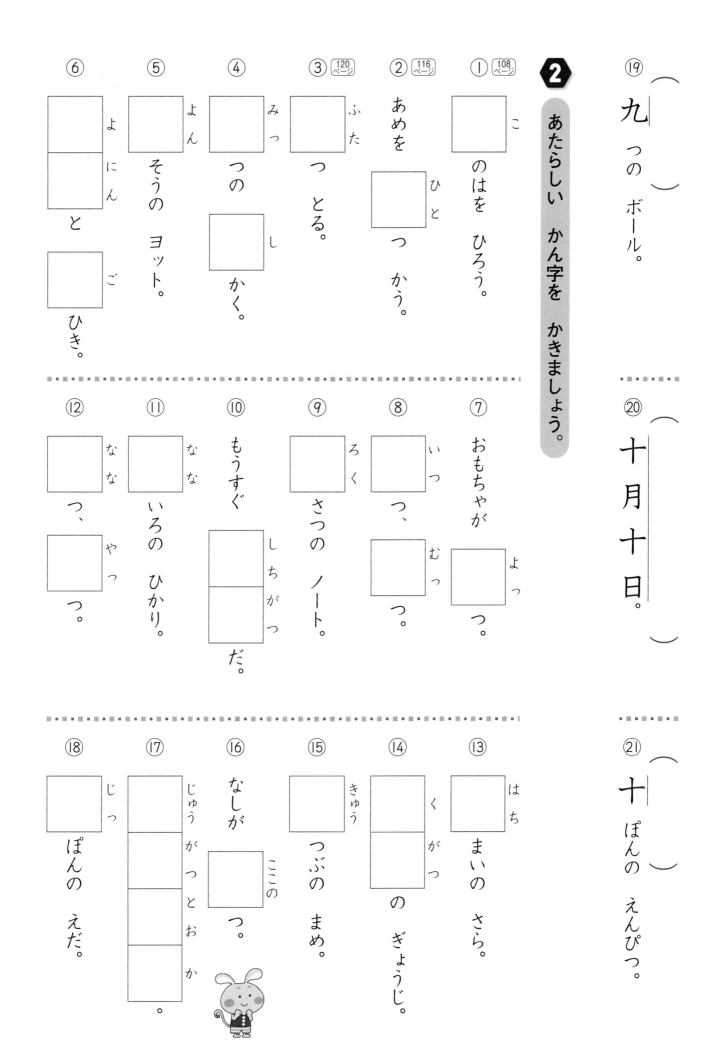

きほんのワーク

しらせたいな、いきものの ひみつ
はたらく じどう車／「のりものカード」で しらせよう
なにを して いるのかな？

きょうかしょ ㊦8～27ページ

こたえ 3ページ

べんきょうした日　月　日

しらせたいな、いきものの ひみつ

◆「よみかた」の あかい 字は きょうかしょで つかわれて いる よみです。

見

（はねる　はらう　まげる）

よみかた
ケン
みる　みえる　みせる

7かく

8ページ

見見見見見見見

つかいかた

おみせを 見《けん》がくする。
いきものを よく 見《み》る。
そらに ほしが 見《み》える。

よんで みよう、かいて みよう。

① ほしを 見る。（　　）
② むしを 見つける。（　　）
③ そらを □《み》る。
④ けしきが □《み》える。

文

（まっすぐ　はらう）

よみかた
ブン　モン
（ふみ）

4かく

9ページ

文文文文

つかいかた

みじかい 文《ぶん》を つくる。
ま一文字《いちもんじ》に 口を むすぶ。
天文《てんもん》がくしゃに なる。

よんで みよう、かいて みよう。

① 文を つくる。（　　）
② 文ぼうぐ。（　　）
③ □《ぶん》を かく。
④ □《ぶん》しょうを よむ。

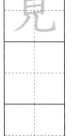

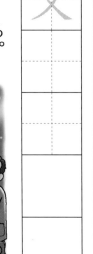

白

したを　みじかく

よみかた

ハク（ビャク）
しろ　しら　しろい

白白白白白

5かく

9ページ

つかいかた

白《はく》せんを　ひく。
白《はく》ちょうと　白《しろ》くま。
白《しら》ゆりが　さく。
白《しろ》い　かべの　いえ。

ちゅうい

かたちの　にて　いる　かん字に　きを　つけましょう。
「白」に「一」を　たすと
百《ヒャク》（52ページ）
「白」から「ノ」を　ひくと
日《ひ》

よんで　みよう、かいて　みよう。

①（　　）白い　いと。
②（　　）白い　もよう。
③ □《しろ》い　ぼうし。
④ □《しろ》い　かみに　かく。

はたらく　じどう車

車

ながく

よみかた

シャ
くるま

車車車車車車車

7かく

12ページ

つかいかた

じどう車《しゃ》が　はしる。
しずかな　車《しゃ》ない。
あたらしい　車《くるま》。

できかた

人や　にもつを　のせる　くるまの　かたちから　できました。

⇩
車

たてぼうは　さいごに　まっすぐに　かきます。

よんで　みよう、かいて　みよう。

①（　　）でん車が　えきの（　　）車こに　はいる。
② じどう □《しゃ》。
③ ポンプ □《しゃ》。

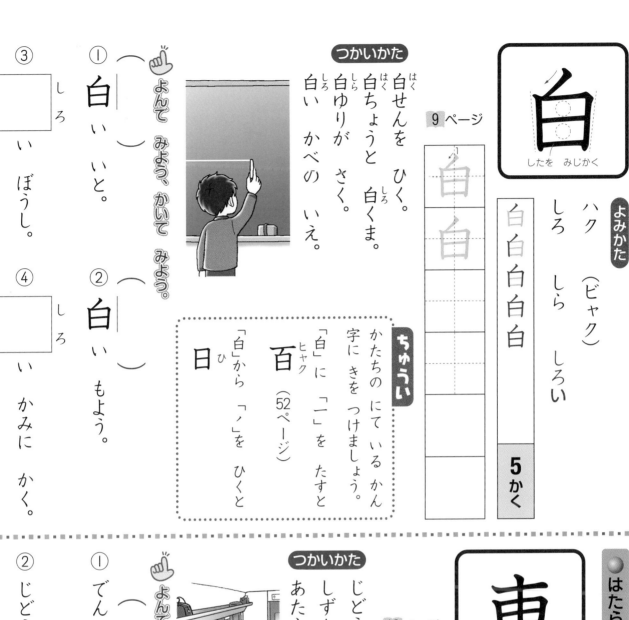

手

よみかた

シュ

て　（た）

手手手手

4かく

13ページ

つかいかた

あく手《しゅ》を　する。
手《て》すりを　もつ。
手《て》を　あらう。
す手《で》で　さわる。

できかた

てを　ひらいた　かたちから　できました。

手　ぜんたいの　かたちに　ちゅういして　かきましょう。

よんで　みよう、かいて　みよう。

① 手（　　）を　のばす。
② かいだんの　手（　　）すり。
③ □《て》を　あげる。
④ りょう□《て》。

大

よみかた

ダイ　タイ

おお　おおきい　おおいに

大大大

3かく

14ページ

つかいかた

大《だい》すきな　くだもの。
大《おお》よろこびする。
ぞうの　大《おお》きな　からだ。
大《おお》いに　がんばる。

できかた

人が　手あしを　おおきく　ひろげた　かたちから　できました。

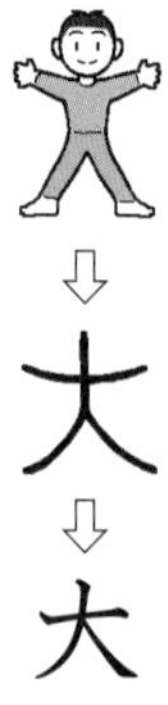

「大きい」と　「大きな」は　おなじように　つかいます。
大きい　かばん
＝
大きな　かばん

よんで　みよう、かいて　みよう。

① 大（　　）きな　車。
② いぬが　大（　　）きく　なる。
③ □《おお》きな　め。
④ □《おお》きな　川。

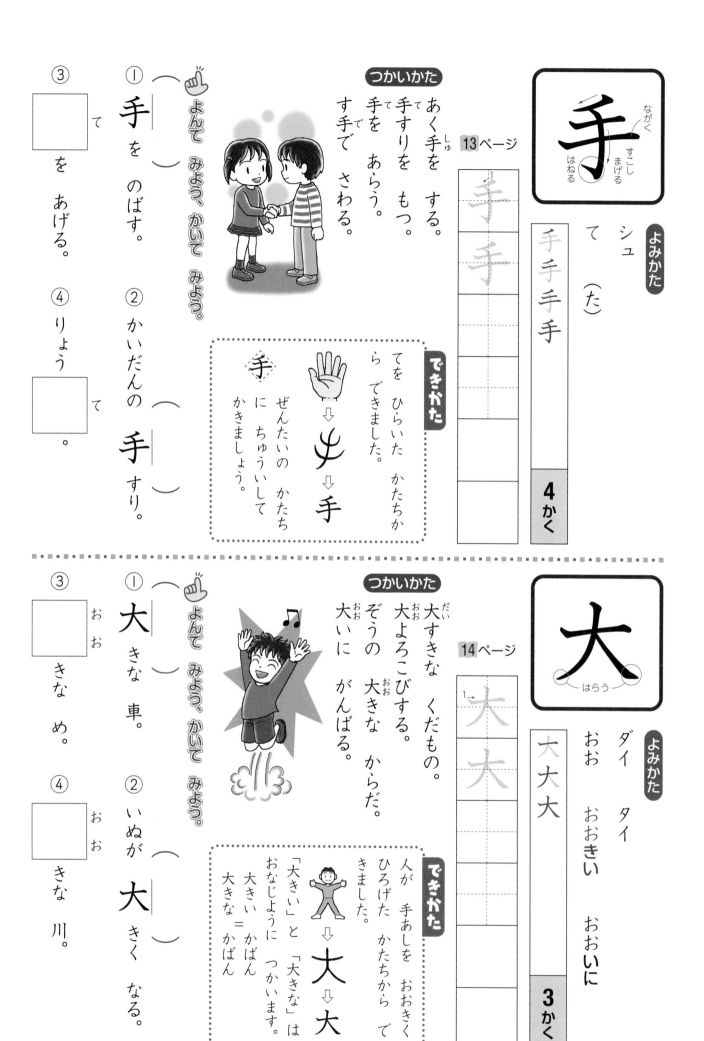

よみかた

ド　ト
つち

土　土　土

3かく

15ページ

つかいかた

つぎの　土《ど》よう日。
ねん土《ど》で　あそぶ。
土《と》ちを　たがやす。
土《つち》を　まるめる。

できかた

つちを　もりあげた　ようすから　できました。

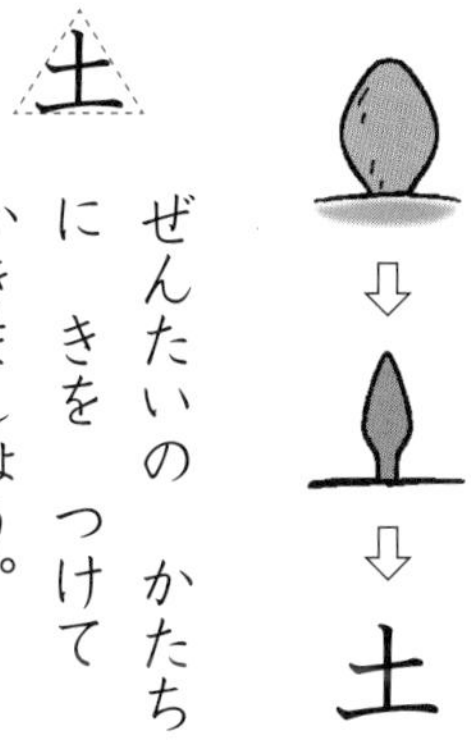

ぜんたいの　かたちに　きを　つけて　かきましょう。

よんで　みよう、かいて　みよう。

① にわの　土（　　）を　ほる。

② かだんの　土（　　）。

③ □《つち》を　もり上げる。

④ □《つち》を　こねる。

よみかた

スイ
みず

水　水　水　水

4かく

16ページ

つかいかた

水《すい》どうの　じゃぐち。
水《すい》よう日の　じかんわり。
つめたい　水《みず》を　のむ。
水《みず》いろの　えのぐ。

できかた

みずが　ながれて　いる　ようすから　できました。

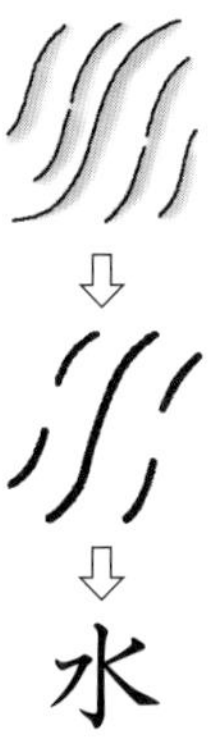

かきじゅんにも　きを　つけましょう。

○　亅　刁　氺　水
×　㇇　刁　氺　水

よんで　みよう、かいて　みよう。

① おいしい　水（　　）。

② 水（　　）あそびを　する。

③ □《みず》を　のむ。

④ □《みず》たまもよう。

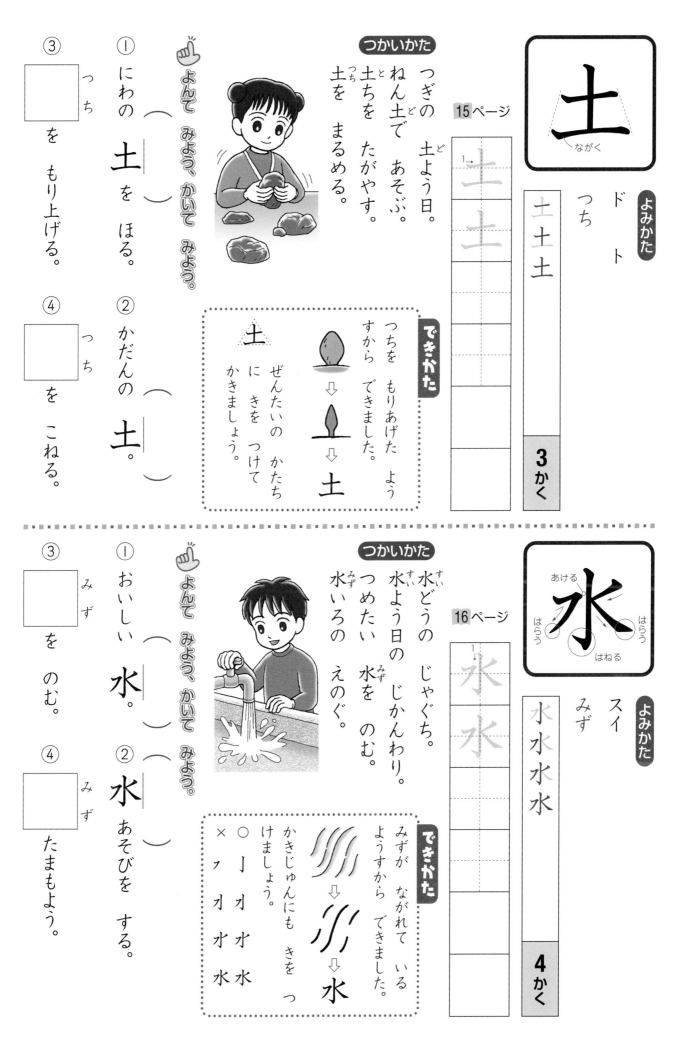

「のりものカード」で しらせよう

名

みじかく　はらう
ながく
はらう
したを　みじかく

よみかた

メイ　ミョウ

な

名名名名名名

6かく

21ページ

つかいかた

たこあげの　名人《めいじん》。
名《な》ふだに　名字《みょうじ》を　かく。
名前《なまえ》を　よぶ。

できかた

夕《ゆう》がたの　くらく　なった ときに、だれだか　わかる ように　じぶんの　なまえ を　口で　いった　ことか ら　できました。

夕《ゆう》＋口《くち》＝名

よんで　みよう、かいて　みよう。

① 名（　　）ふだを　つける。

② はなの　名（　　）を　きく。

③ □《な》も　ない　山。

④ □《な》前《まえ》を　いう。

出

ながく
すこし
だす

よみかた

シュツ　（スイ）

でる　だす

出出出出出

5かく

23ページ

つかいかた

八じに　出《しゅっ》ぱつする。
そとに　出《で》て　いく。
大ごえを　出《だ》す。
水を　出《だ》す。

おぼえよう

はんたいの　ことばを　お ぼえましょう。

出《で》る　↕　はいる
出《だ》す　↕　いれる
出口《でぐち》　↕　いり口《ぐち》

よんで　みよう、かいて　みよう。

① 手がみを　出（　　）す。

② とび　出（　　）し　ちゅうい。

③ げんきを　□《だ》す。

④ ちからを　□《だ》す。

なにを して いるのかな？

よみかた

ソウ （サッ）

はやい はやまる はやめる

早早早早早早

6かく

26ページ

つかいかた

早《そう》しゅんの 早《そう》ちょう。

早《はや》く めが さめる。

日にちが 早《はや》まる。

ちゅうい

ただしい かたちで かきましょう。

○ 早 ×早 ×早

つかいかたにも ちゅういしましょう。

○ おきるのが 早い。

× はしるのが 早い。

よんで みよう、かいて みよう。

① 早く おきる。（　）

② す早く にげる。（　）

③ □□《はやくち》ことば。

④ じかんが □《はや》い。

あたらしい よみかたを おぼえる かん字

9ページ

見《みえる》

見《み》える

二かいずつ かいて れんしゅうしよう

見る　白い　じどう車　手すり　大きな山　土をほる　水を出す　早い

れんしゅうのワーク

しらせたいな、いきものの　ひみつ
はたらく　じどう車／「のりものカード」で　しらせよう
なにを　して　いるのかな？

きょうかしょ　下8～27ページ

こたえ　4ページ

べんきょうした日　月　日

1 あたらしい　かん字を　よみましょう。

①〔8ページ〕まわりを　よく　見（　　）る。

②みじかい　文（　　）を　かく。

③白（　　）い　うさぎ。

④とがって　見（　　）える。

⑤〔12ページ〕じどう　車（　　）の　つくり。

⑥手（　　）すりを　つける。

⑦大（　　）きな　はこ。

⑧土（　　）を　はこぶ。

⑨水（　　）を　すい上げる。

⑩〔20ページ〕のりものの　名（　　）前《まえ》。

⑪こえに　出（　　）して　よむ。

⑫〔24ページ〕早（　　）く　して　ほしい。

2 あたらしい　かん字を　かきましょう。

①〔8ページ〕まえを　□《み》る。

②ながい　□《ぶん》を　よむ。

③□《しろ》い　とりが　とぶ。

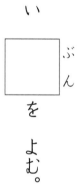

④ 山が□《み》える。

⑤ 12ページ あかい じどう□《しゃ》。

⑥ かいだんの□《て》すり。

⑦ □《おお》きい おとが する。

⑧ □《つち》を あつめる。

⑨ つめたい □《みず》。

⑩ 20ページ はなの□《な》前《まえ》。

⑪ てがみを□《だ》す。

⑫ 24ページ あさが□《はや》い。

3 もう 一ど あたらしい かん字を かきましょう。

① はたけの□《つち》。

② ともだちの□《な》前《まえ》。

③ □《みず》を かける。

④ じどう□《しゃ》が はしる。

⑤ □《て》すりに つかまる。

⑥ さくひんを□《だ》す。

⑦ □《しろ》い くつを はく。

⑧ とおくを□《み》る。

⑨ □《ぶん》を かきうつす。

⑩ □《おお》きい 木が ある。

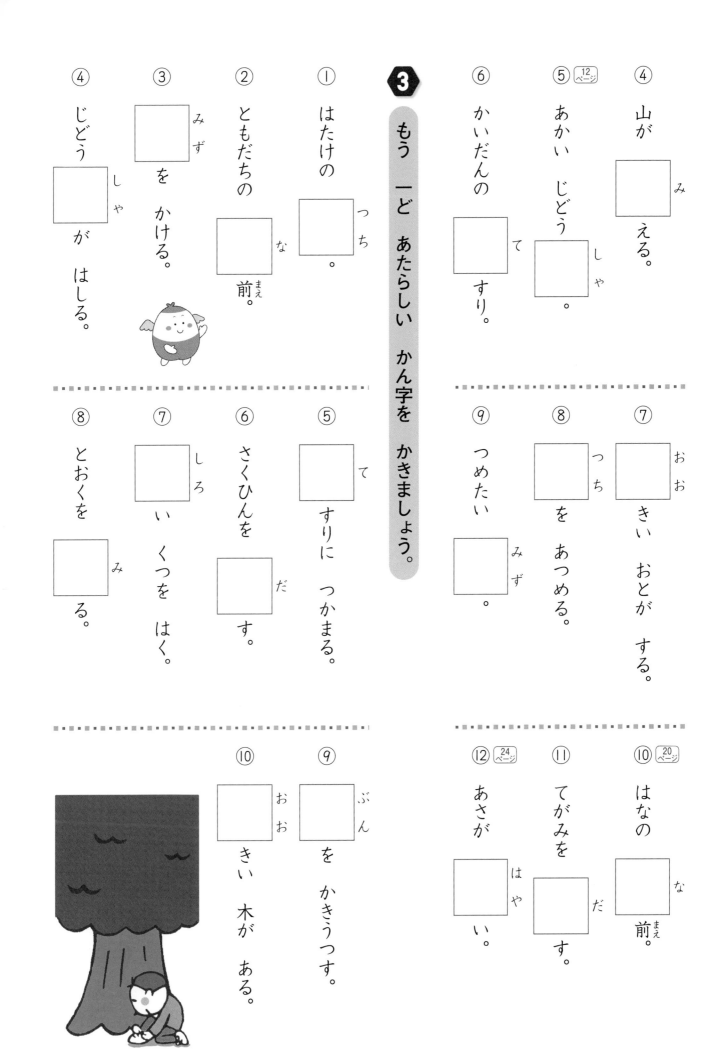

きほんのワーク

かん字の ひろば① 日づけと よう日

きょうかしょ 下28～30ページ

こたえ 4ページ

べんきょうした日　月　日

◆「よみかた」の あかい 字は きょうかしょで つかわれて いる よみです。

かん字の ひろば① 日づけと よう日

金（つける／はらう／はらう／ながく）

よみかた：キン　コン　かね　かな

金 金 金 金 金 金 金 金

8かく

28ページ

金　金

つかいかた

金《きん》よう日の あさ。

お金《かね》を ためる。

金《かな》づちで くぎを うつ。

よんで みよう、かいて みよう。

① 金（　　）よう日。

② ぶたの ちょ金（　　）ばこ。

③ □《きん》メダル。

④ おとうさんの □《かな》づち。

正（おなじ くらい／おなじ くらい／ながく）

よみかた：セイ　ショウ　ただしい　ただす　まさ

正 正 正 正 正

5かく

30ページ

正　正

つかいかた

正《せい》かくな じかん。

お正月《しょうがつ》が くる。

正《ただ》しい かん字。

よんで みよう、かいて みよう。

① お正月（　　）。

② 正（　　）めんを むく。

③ □《しょう》じきな 人。

④ □□《しょうがつ》かざり。

花

はらう　はねる　とめる　まげる

よみかた
カ
はな

7かく

30ページ

つかいかた

花《か》びんに 花《はな》を さす。
にわの 花《か》だん。
花見《はなみ》の きせつ。
花《はな》ざかりの こうえん。

おぼえよう

「艹」は くさなどに かんけいの ある かん字に つきます。

よんで みよう、かいて みよう。

① 花見（　　）に いく。
② 花（　　）びらが ちる。
③ ちいさな □《はな》。
④ □《はな》たばを おくる。

虫

ななめに　とめる

よみかた
チュウ
むし

6かく

30ページ

つかいかた

こん虫《ちゅう》さいしゅう。
ちょうの よう虫《ちゅう》。
ちいさな 虫《むし》。
なき虫《むし》の おとうと。

できかた

へびが はって いる かたちから できました。

ちょうなどの 虫を あらわす ほかにも、「なき虫」など 人を あらわす ことも あります。

よんで みよう、かいて みよう。

① 虫（　　）ばを なおす。
② かごに 虫（　　）を いれる。
③ てんとう□《むし》。
④ □《むし》とりあみ。

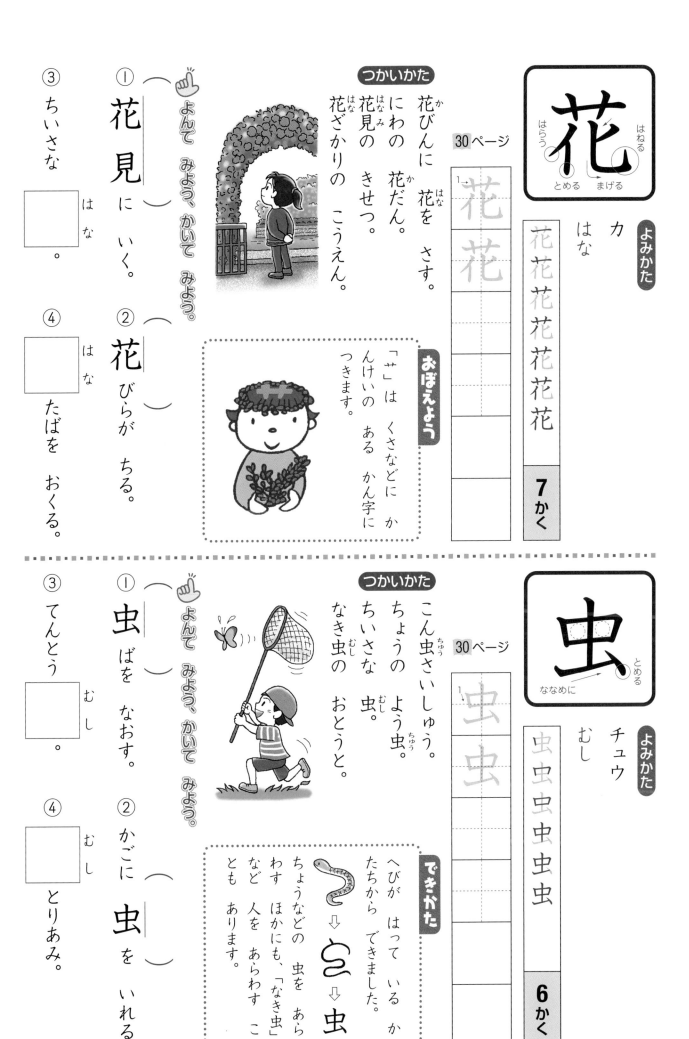

あたらしい　よみかたを　おぼえる　かん字

30ページ

金《かな》

金《かな》づち

とくべつな　よみかたの　ことば

28		
一日	ついたち	
28		
二日	ふつか	
28		
二十日	はつか	

二かいずつ　かいて　れんしゅうしよう

金よう日

お正月

花見

虫のこえ

金づち

れんしゅうのワーク

かん字の ひろば① 日づけと よう日

きょうかしょ 下28～30ページ

こたえ 4ページ

べんきょうした日　月　日

1 あたらしい かん字を よみましょう。

① 28ページ 一月 一日。（　　）

② 二月 二日。（　　）

③ 十二月 二十日。（　　）

④ 金よう日に なる。（　　）

⑤ お正月の りょうり。（　　）

⑥ さくらの 花見。（　　）

⑦ 虫の こえを きく。（　　）

⑧ 金づちで うつ。（　　）

ここから はってん

✿⑨ おう金の かんむり。（　　）

✿⑩ お金を もらう。（　　）

✿⑪ 正かくな とけい。（　　）

✿⑫ 正しい こたえ。（　　）

✿⑬ しせいを 正す。（　　）

✿⑭ 正ゆめに なる。（　　）

✿⑮ ちいさな 花だん。（　　）

✿⑯ こん虫 ずかん。（　　）

✿は あたらしい かん字の べつの よみかたです。

2 あたらしい かん字を かきましょう。

① 28ページ 五がつ □□《ついたち》。

② 三がつ □□《ふつか》。

③ 七がつ □□□《はつか》。

④ □《きん》ようびの できごと。

⑤ お□□《しょうがつ》の あいさつ。

⑥ お□□《はなみ》の べんとう。

⑦ □《むし》を つかまえる。

⑧ □《かな》づちと くぎ。

ここから はってん

✿⑨ お□《かね》を はらう。

✿⑩ □《ただ》しい しせい。

✿⑪ こうえんの □《か》だん。

✿⑫ こん□《ちゅう》を そだてる。

3 もう いちど あたらしい かん字を かきましょう。

① かぶと□《むし》の ようちゅう。

② □《はな》を かざる。

③ お□□《しょうがつ》の ようい。

④ □《きん》ようびの あさ。

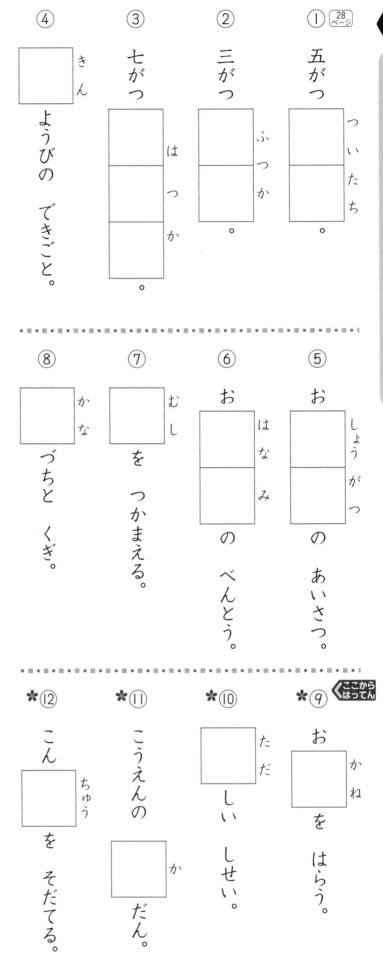

二　だれが　なにを　したかを　たしかめよう

きほんのワーク

うみへの　ながい　たび
ことばの　ぶんか①　天に　のぼった　おけやさん
ことばの　ひろば①　かたかな

きょうかしょ　下32〜57ページ

こたえ　4ページ

べんきょうした日　月　日

◆「よみかた」の　あかい　字は　きょうかしょで　つかわれて　いる　よみです。

うみへの　ながい　たび

青（ながく・はねる・とめる）

よみかた
セイ　（ショウ）
あお　あおい

8かく

33ページ

青青青青青青青青

つかいかた
さわやかな　青年《せいねん》。
青《あお》しんごうで　すすむ。
青《あお》い　ふうせん。

よんで　みよう、かいて　みよう。

① 青い　とり。（　　）
② 青い　ふく。（　　）
③ そらが　□《あお》い。
④ □《あお》い　花が　さく。

空（まっすぐ・はねる・とめる・とめる・ながく）

よみかた
クウ
そら　あく　あける　から

8かく

33ページ

空空空空空空空空

つかいかた
あたたかい　空《くう》き。
はれた　空《そら》。
となりの　せきが　空《あ》く。

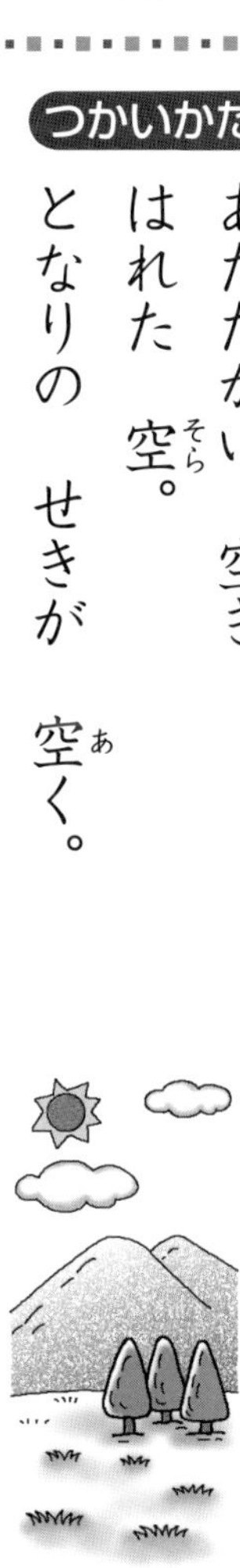

よんで　みよう、かいて　みよう。

① 空を　とぶ。（　　）
② きれいな　青空。（　　）
③ □《そら》いろ。
④ □《そら》もよう。

目

よみかた

モク　（ボク）

め　（ま）

目目目目目

5かく

33ページ

目
目

つかいかた

目《もく》ひょうを　きめる。

ずに　ちゅう目《もく》する。

あさ　目《め》が　さめる。

そっと　目《め》を　つぶる。

できかた

めの　かたちから　できました。

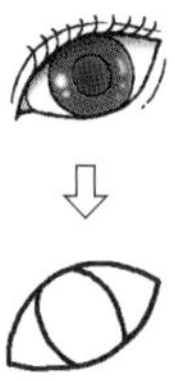

目

かたちの　にて　いる　字に　きを　つけましょう。

日《ひ》　よこぼう　一ぽん

目《め》　よこぼう　二ほん

よんで　みよう、かいて　みよう。

① 目を　あける。（　　）

② 大きな　目。（　　）

③ □《め》じるしを　つける。

④ □《め》の　かたち。

百

ながく

よみかた

ヒャク

百百百百百百

6かく

34ページ

百
百

つかいかた

百日《ひゃくにち》が　すぎる。

百人《ひゃくにん》の　子どもたち。

三百《さんびゃく》メートルを　はしる。

六百《ろっぴゃく》えん　もらう。

おぼえよう

「百」には、「たくさん」と　いう　いみも　あります。「百かじてん」は、たくさんの　ことがらに　ついて　のせた　じてんの　ことです。

よんで　みよう、かいて　みよう。

① 百日の　あいだ。（　　）

② 百えんだま。（　　）

③ □《ひゃっ》かじてんを　見る。

④ □□《はっぴゃく》えん。

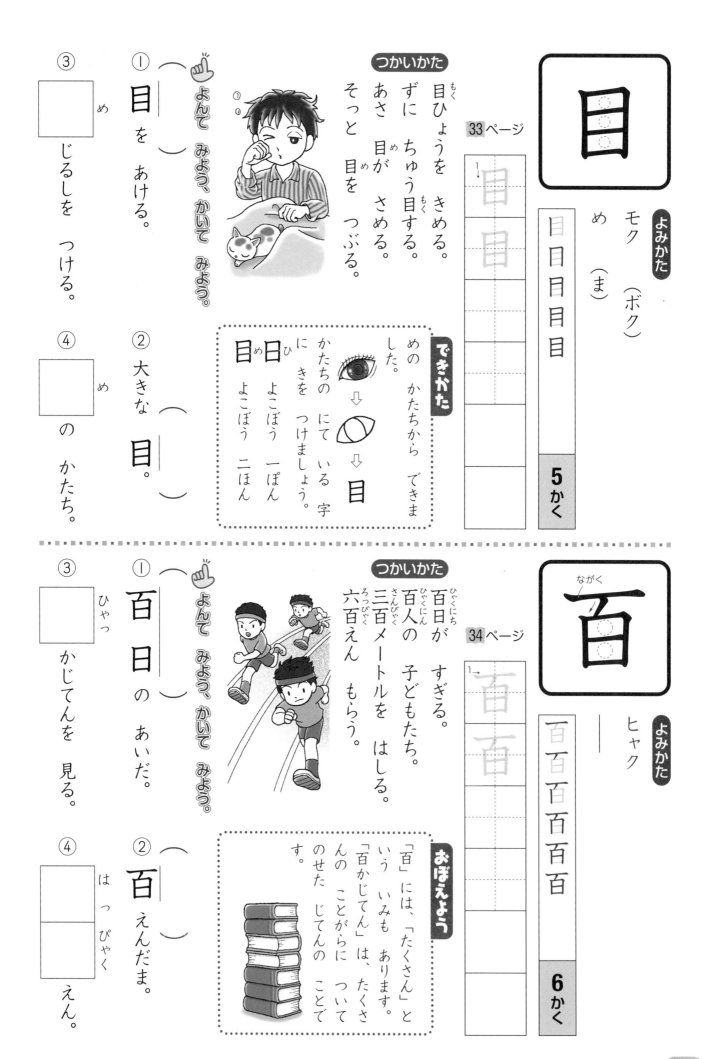

耳

つきだす
ながく
ななめに はらう

よみかた
（ジ）
みみ

耳耳耳耳耳耳

6かく

37ページ

つかいかた

耳《みみ》を すまして きく。
パンの 耳《みみ》を たべる。
耳《みみ》に たこが できる。
耳《みみ》かざりを つける。

できかた

みみの かたちから できました。

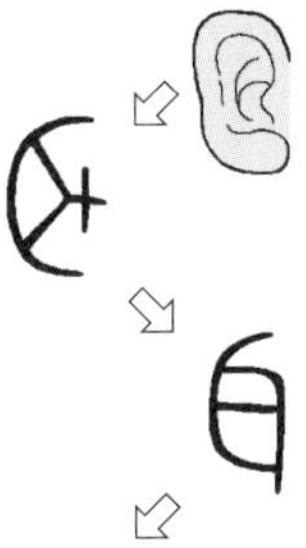

耳

かきじゅんにも きを つけましょう。

× 一 丅 丌 冃 耳

よんで みよう、かいて みよう。

① 耳（　　）を すます。

② うさぎの ながい 耳（　　）。

③ パンの □《みみ》。

④ □《みみ》たぶを さわる。

音

まっすぐ
ながく

よみかた
オン （イン）
おと ね

音音音音音音音音音

9かく

37ページ

つかいかた

えいごの はつ音《おん》。
なみの 音《おと》が する。
もの音《おと》が する。
虫の 音《ね》を きく。

ちゅうい

音　音

「立」と「日」を おなじくらいの 大きさで かきましょう。
「立」の 下の よこぼうは、ながく かきます。

よんで みよう、かいて みよう。

① かぜの 音（　　）。

② あし音（　　）が ひびく。

③ □《おと》を ならす。

④ 大きな □《おと》が する。

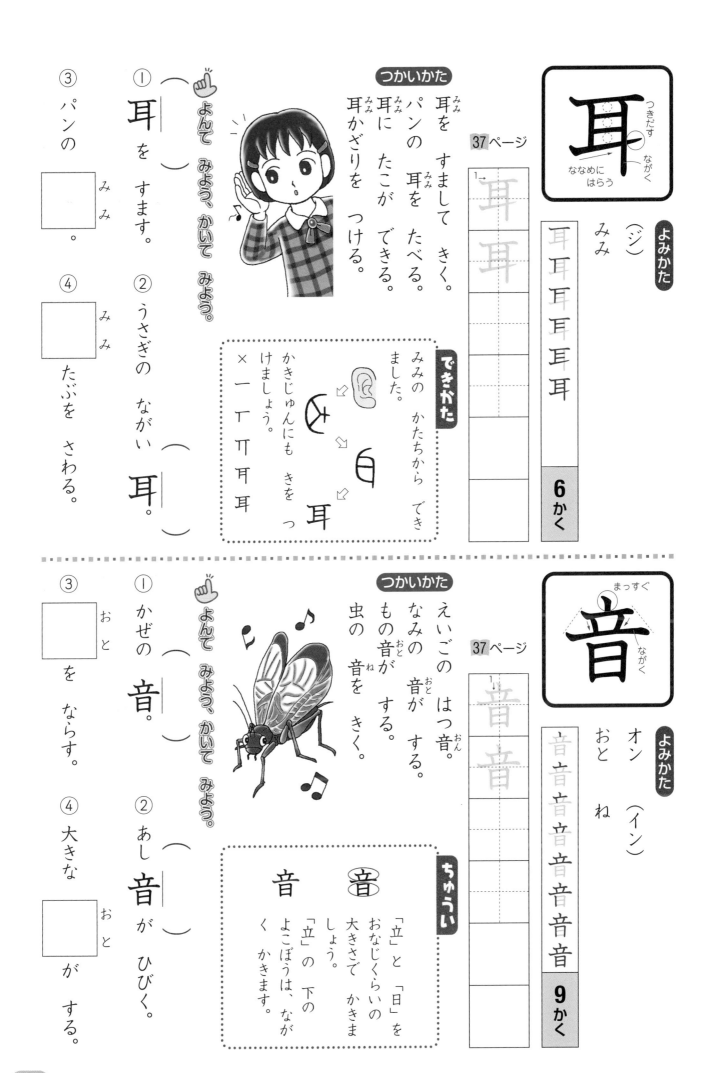

よみかた

リツ　（リュウ）

たつ　たてる

立立立立立

5かく

40ページ

立
立

つかいかた

そう立《りつ》きねん日。

かべが　立《た》ちふさがる。

ちょう上に　立《た》つ。

よていを　立《た》てる。

できかた

人が　たって　いる　かた
ちから　できました。

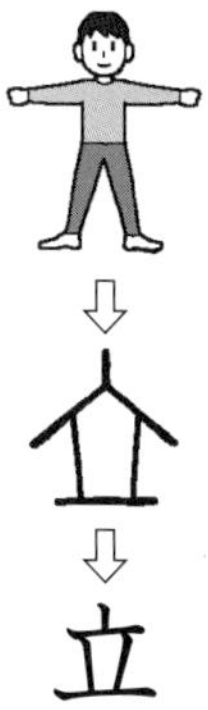

つかいかたに　ちゅういしましょう。

○　ぼうを　立てる。

×　いえを　立てる。

よんで　みよう、かいて　みよう。

① 立（　　　）ちふさがる。

② まっすぐ　立（　　　）つ。

③ きゅうに　□《た》ち上がる。

④ さか□《だ》ち。

よみかた

ネン

とし

年年年年年年

6かく

44ページ

年
年

つかいかた

二年半《にねんはん》の　月日。

おなじ　がく年《ねん》の　人。

あたらしい　年《とし》。

年上《としうえ》の　ともだち。

ちゅうい

かきじゅんを　正しく　おぼえましょう。

○　ノ　𠂉　𠂉　𠂉　年

×　ノ　𠂉　𠂉　𠂉　年

二つの　よみかたが　あります。

年《ネン》《とし》　月《ゲツ》《つき》

よんで　みよう、かいて　みよう。

① 二年（　　　）半《はん》が　たつ。

② 木の　年（　　　）りん。

③ □《ねん》れいを　きく。

④ □《ねん》がじょう。

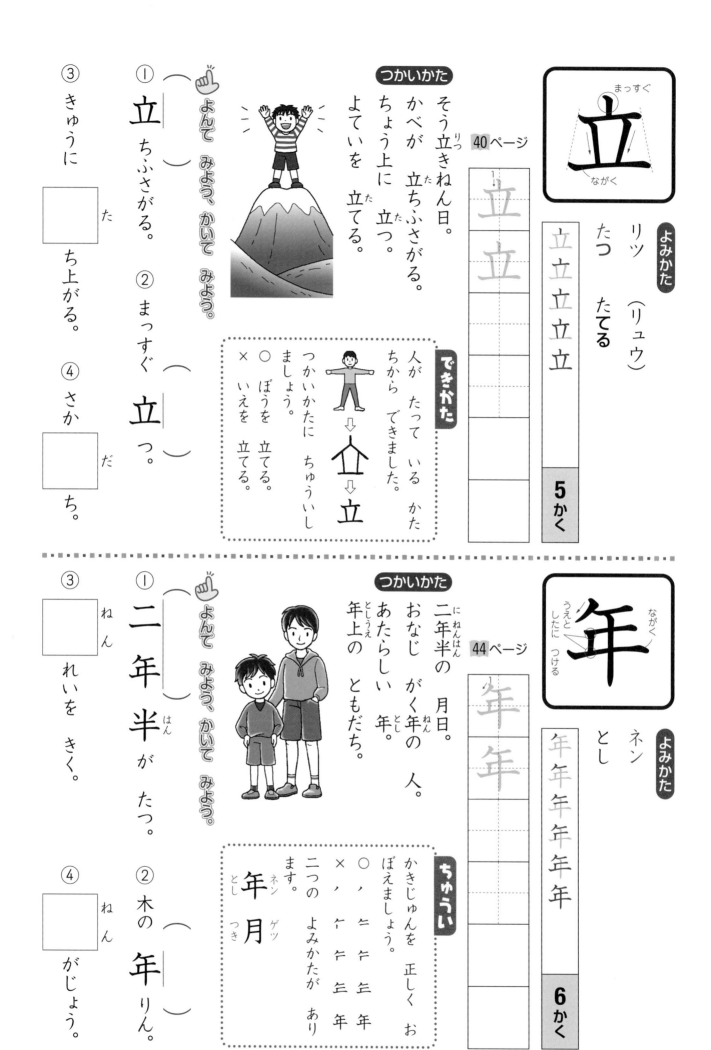

千

おなじ くらい
ながく

よみかた
セン
ち

45ページ

千千千

3かく

つかいかた
何千《なんぜん》メートルも すすむ。
千年《せんねん》まえの できごと。
千《ち》よがみの つる。
千《ち》とせあめを なめる。

ちゅうい
かたちの にて いる かん字に きを つけましょう。

千《セン》 ー 十《ジュウ》

よんで みよう、かいて みよう。
① 千（　　）まいの かみ。
② 何《なん》千（　　）もの ほし。
③ □□《ごせん》キロメートル。
④ □《せん》ばづる。

力

はらう
はねる

よみかた
リョク　リキ
ちから

48ページ

力力

2かく

つかいかた
水力《すいりょく》で うごく。
人力《じんりき》の 車。
力《ちから》いっぱい はしる。
力《ちから》を あわせる。

できかた
うでに ちからを いれた ようすから できました。

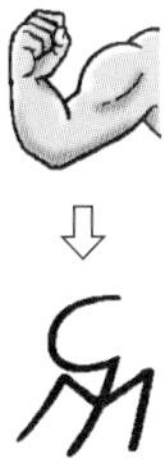

力

かたかなの「カ」と にて いるので、よみまちが えないように きを つけましょう。

よんで みよう、かいて みよう。
① 力（　　）いっぱい やる。
② 力（　　）を いれる。
③ □《ちから》が つよい。
④ □《ちから》もち。

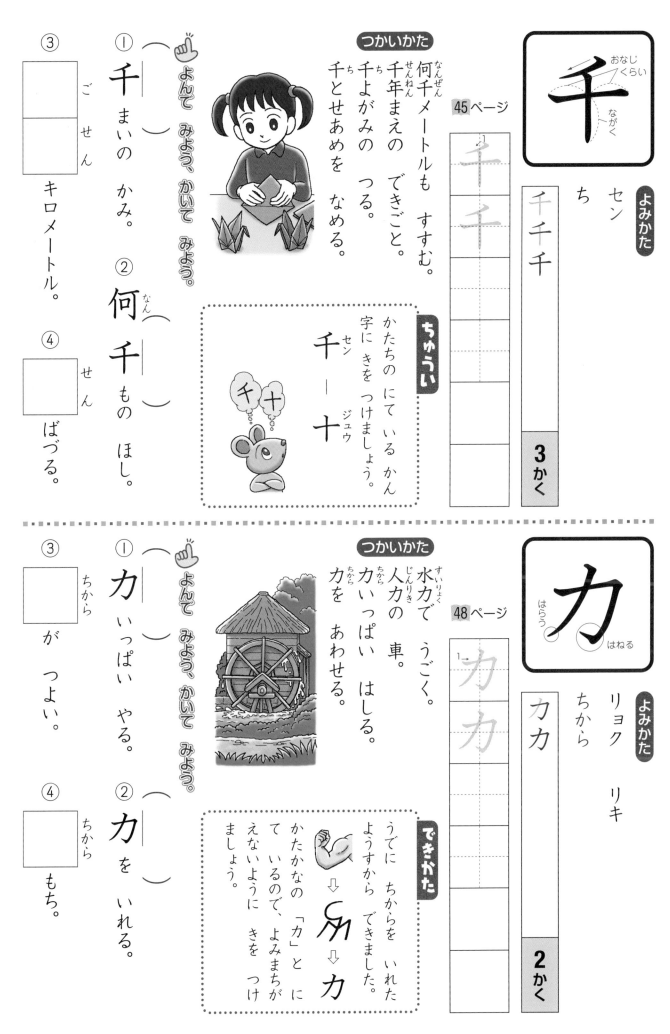

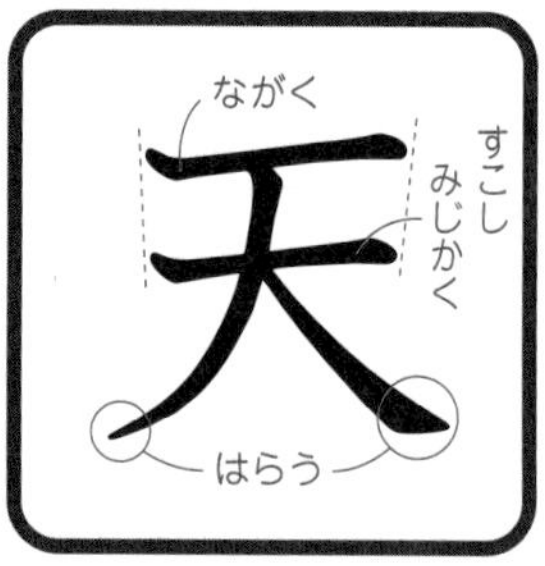

よみかた

テン
（あめ） あま

4かく

54ページ

つかいかた

天《てん》まで とどけ。
天《てん》じょうが ひくい。
天《あま》の川を 見上げる。

ちゅうい

かたちに きを つけましょう。

天 上が ながく 下が みじかい　×天

「大」と かたちが よく にて いるので、きを つけましょう。

よんで みよう、かいて みよう。

① 天じょう。（　　）
② 天まで のぼる。（　　）
③ □《てん》ぷらを あげる。
④ □《てん》しの はね。

よみかた

チュウ　ジュウ
なか

4かく

56ページ

つかいかた

水中《すいちゅう》に もぐる。
せかい中《じゅう》の りょうり。
いえの 中《なか》に はいる。

ちゅうい

○中　×中　×中

たてぼうは まんなかに なるように さいごに かきましょう。

よんで みよう、かいて みよう。

① はこの 中。（　　）
② 中を 見る。（　　）
③ □《なか》を のぞく。
④ 水の □《なか》に もぐる。

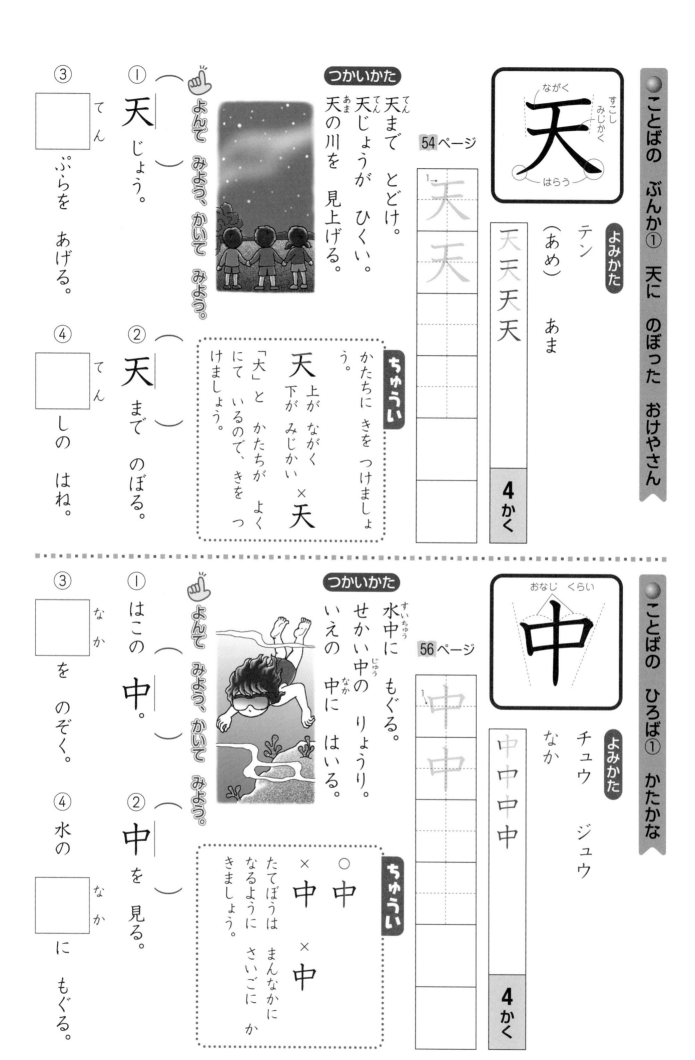

気

はねる　はらう　とめる

よみかた

キ　ー
ケ　ー

気気気気気気

6かく

57ページ

気

つかいかた

気《き》を　つける。
しんせんな　空気《くうき》。
さむ気《け》が　する。
人の　気《け》はいが　する。

ちゅうい

気　四かくめは、そって上に　はねましょう。

×て　×乙

「はらい」や「とめ」に　きを　つけましょう。

気 はらう　気 とめる

よんで　みよう、かいて　みよう。

① 気（　　）に　なる。
② 車に　気（　　）を　つける。
③ 人の　□《き》もち。
④ いい　□□《てんき》。

小

はらう　とめる　はねる

よみかた

ショウ
ちいさい
こ
お

小小小

3かく

57ページ

小

つかいかた

小《しょう》がっこうの　プール。
小《ちい》さい　ふねに　のる。
小《こ》とりの　さえずり。
小川《おがわ》の　ながれ。

できかた

ちいさな　三つの　てんの　かたちから　できました。

小

小《ショウ》の　はんたいは　大《ダイ》

小《ちい》さい　↕　大《おお》きい

よんで　みよう、かいて　みよう。

① 音が　小（　　）さい。
② 小（　　）さく　かく。
③ □《ちい》さな　ねこ。
④ こえが　□《ちい》さい。

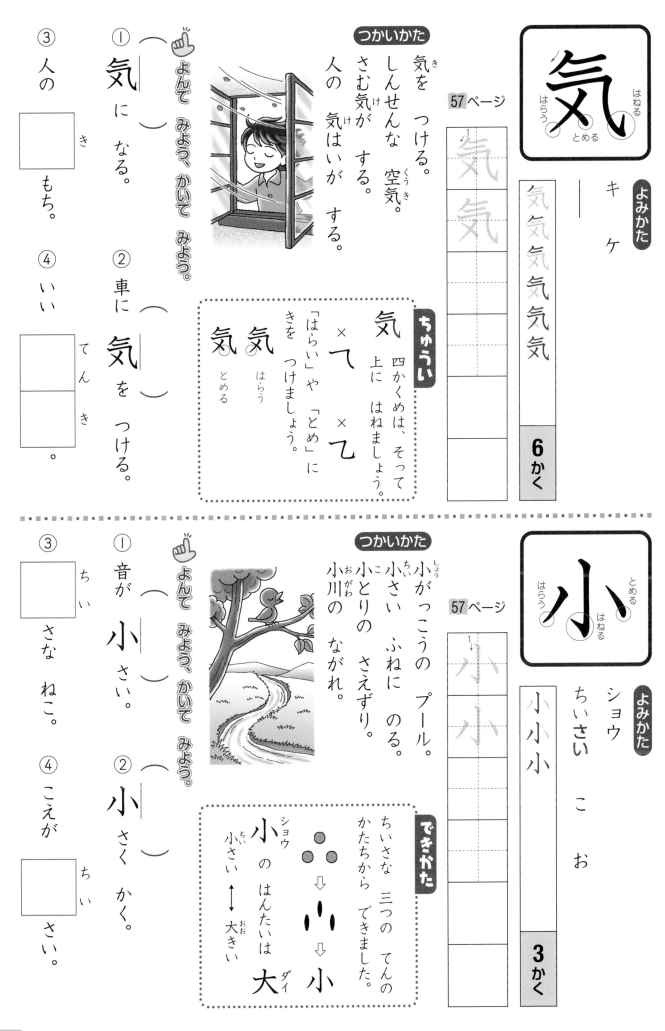

れんしゅうのワーク

うみへの　ながい　たび
ことばの　ぶんか①　天に　のぼった　おけやさん
ことばの　ひろば①　かたかな

きょうかしょ　下32〜57ページ
こたえ　5ページ

べんきょうした日　月　日

1　あたらしい　かん字を　よみましょう。

① 32ページ　青（　　）い　うみ。
② 空（　　）が　ひろがる。
③ 目（　　）を　見ひらく。
④ うまれて　百日（　　）が　たつ。
⑤ じっと　耳（　　）を　すます。
⑥ かぜの　音（　　）が　する。

⑦ まえに　立（　　）ちふさがる。
⑧ 二年（　　）半《はん》（　　）が　すぎる。
⑨ 何《なん》千（　　）もの　いきもの。
⑩ 力（　　）いっぱい　さけぶ。
⑪ 54ページ　天（　　）に　のぼる。
⑫ 56ページ　ことばの　中（　　）の　一つ。

⑬ かたちに　気（　　）を　つける。
⑭ 小（　　）さく　かく。
✿⑮ ここから はってん　正しい　はつ　音（　　）。
✿⑯ 年（　　）の　はじめ。
✿⑰ 空中（　　）に　うかぶ。
✿⑱ ちかくの　小（　　）がっこう。

✿は　あたらしい　かん字の　べつの　よみかたです。

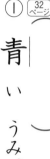

2 あたらしい　かん字を　かきましょう。

①（32ページ） □《あお》い　ようふく。

② はれた　□《そら》。

③ □《め》を　とじる。

④ □□《ひゃくにち》まえの　こと。

⑤ うさぎの　□《みみ》。

⑥ かねの　□《おと》が　きこえる。

⑦ 人が　□《た》ちふさがる。

⑧ □□《にねん》半《はん》を　すごす。

⑨ 何《なん》□《ぜん》わもの　とり。

⑩ □《ちから》いっぱい　とぶ。

⑪（54ページ） □《てん》を　見上げる。

⑫（56ページ） かばんの　□《なか》。

⑬ □《き》を　つけて　あるく。

⑭ □《ちい》さい　しま。

ここから はってん

✿⑮ きれいな　はつ□《おん》。

✿⑯ すっかり　□《とし》を　とる。

✿⑰ □□《くうちゅう》ぶらんこ。

✿⑱ □《しょう》がっこうの　もん。

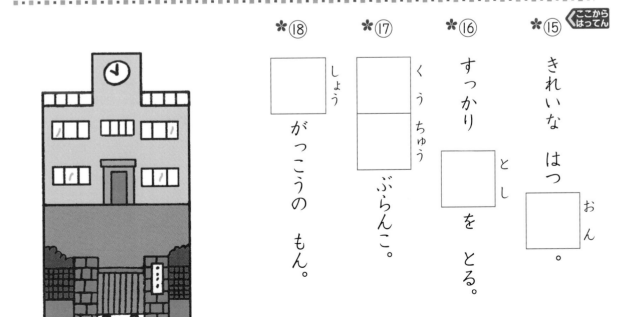

3 もう 一ど あたらしい かん字を かきましょう。

① □《め》を さます。

② □《みみ》を ふさぐ。

③ そとが □《き》に なる。

④ 三□《ぜん》五□《ひゃく》人。

⑤ へやの □《なか》で あそぶ。

⑥ なつの □□《あおぞら》。

⑦ たいこの □《おと》。

4 文を かきましょう。——は かん字で かきましょう。（ふとい 字は、この かいで ならった かん字を つかった ことばです。）

① あおい そらと うみ。

② ぞうの みみは おおきい。

③ きを つけて だいに たつ。

④ いつもより ちからが でる。

⑤ みずの なかで およぐ。

⑥ ちいさい はなが さく。

四 ようすを おもいうかべながら よもう

きほんのワーク かん字の ひろば② かん字の よみかた こころが あたたかく なる 手がみ／スイミー

きょうかしょ 下58～81ページ

こたえ 5ページ

べんきょうした日 月 日

かん字の ひろば② かん字の よみかた

本（はらう・はらう・とめる）

よみかた ホン もと

5かく

58ページ

本本本本本

つかいかた

本日《ほんじつ》の 天気。
おもしろい 本《ほん》を よむ。
はた本《もと》の くらし。

よんで みよう、かいて みよう。

① 本を よむ。（　　）

② 本日は おやすみ。（　　）

③ □《ほん》やに いく。

④ お□□《てほん》の 字。

◆「よみかた」の 赤い 字は きょうかしょで つかわれて いる よみです。

竹（はらう・とめる・はねる）

よみかた チク たけ

6かく

59ページ

竹竹竹竹竹竹

つかいかた

竹《ちく》りんに かぜが ふく。
竹《たけ》うまで あそぶ。
竹《たけ》とんぼを つくる。

よんで みよう、かいて みよう。

① 竹うまに のる。（　　）

② 竹を わる。（　　）

③ じょうぶな □《たけ》ざお。

④ □《たけ》の 子。

糸

はらう　とめる　とめる

よみかた
シ
いと

糸 糸 糸 糸 糸 糸

6かく

59ページ

糸 糸

つかいかた

めん糸《し》で ぬのを おる。
はりと ほそい 糸《いと》。
糸《いと》を むすぶ。
つり糸《いと》を たらす。

できかた

まゆから 出た いとを よりあわせた かたちから できました。

⇩ ⇩ 糸

糸 糸 一・二かくめは それぞれ 一かいで かきます。

よんで みよう、かいて みよう。

① 白い 糸（　　）で ぬう。

② （糸 車）を まわす。

③ [　　]《いと》を つむぐ。

④ ほそい [　　]《いと》。

左

はらう　すこし ながく

よみかた
サ
ひだり

左 左 左 左 左

5かく

59ページ

左 左

つかいかた

左右《さゆう》に ゆれる。
車が 左《さ》せつする。
左手《ひだりて》で なげる。
左《ひだり》がわに 本を おく。

おぼえよう

左《ひだり》の はんたいは 右《みぎ》

左手 ↔ 右手
左あし ↔ 右あし

よんで みよう、かいて みよう。

① （左 手）の ゆび。

② かどを （左）せつする。

③ [　　]《ひだり》まわり。

④ [　　]《ひだり》あしで 立つ。

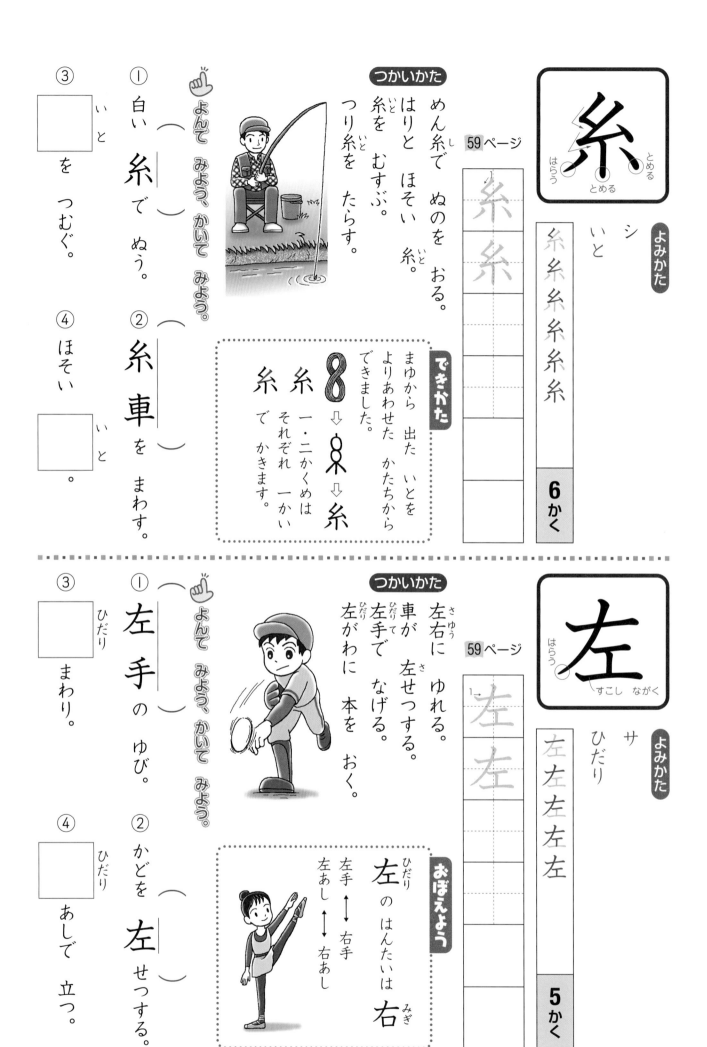

右

ながく
はらう

よみかた
ウ　ユウ
みぎ

右右右右右

5かく

59ページ

つかいかた

右《う》せつきんしの　みち。
左右《さゆう》を　よく　見る。
右手《みぎて》で　本を　もつ。
右《みぎ》がわを　あるく。

ちゅうい

かきじゅんの　ちがいに　気を　つけましょう。

右…①右　②右
左…①左　②左

よんで　みよう、かいて　みよう。

① 右に　まわる。（　　）
② 右がわを　とおる。（　　）
③ □□《みぎて》。
④ □□《さゆう》を　そろえる。

生

ながく

よみかた
セイ　ショウ　いきる　いかす
いける　うまれる　うむ　（おう）
はえる　はやす　（き）　なま

生生生生生

5かく

59ページ

つかいかた

先生《せんせい》に　あいさつする。
一生《いっしょう》けんめい　はしる。
ながく　生《い》きる。
子どもが　生《う》まれる。
ざっそうが　生《は》える。
生《なま》たまごを　たべる。

できかた

くさの　めが　はえ出た　ようすから　できました。

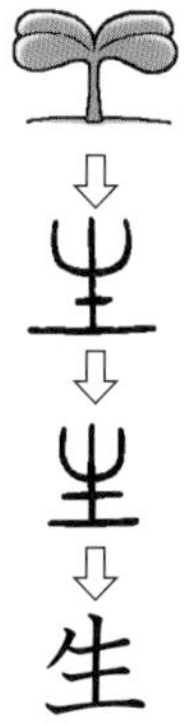

かきじゅんにも　気を　つけましょう。

×　ノ　𠂉　𠂉　牛　生

よんで　みよう、かいて　みよう。

① 生きものがかり。（　　）
② 上きゅう生。（　　）
③ 子が　□《う》まれる。
④ 百さいまで　□《い》きる。

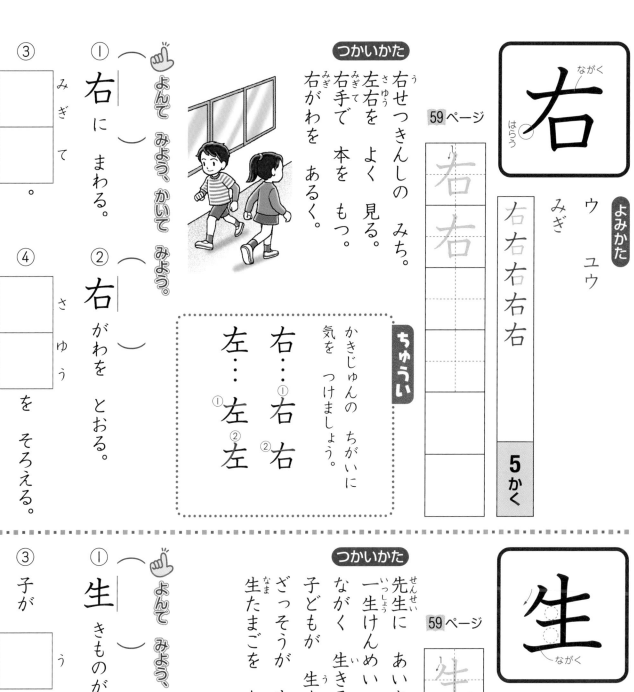

よみかた

セン
さき

先先先先先先

6かく

59ページ

つかいかた

がっこうの 先生《せんせい》。
先《せん》しゅうの 土よう日。
するどい やりの 先《さき》。
十年先《じゅうねんさき》の はなし。

おぼえよう

「先《せん》」は いまよりも まえの ことを あらわします。

先《せん》しゅう ― こんしゅう ― らいしゅう
先月《せんげつ》 ― こん月 ― らい月

よんで みよう、かいて みよう。

① 先日（　　）の おれい。
② おとこの 先生（　　）。
③ □□《せんせい》に きく。
④ □《せん》とうを あるく。

こころが あたたかく なる 手がみ

よみかた

キュウ
やすむ
やすまる
やすめる

休休休休休休

6かく

61ページ

つかいかた

木かげで 休《きゅう》けいする。
休《やす》みじかんに あそぶ。
気もちが 休《やす》まる。

できかた

人が 木の かげで やすんで いる ようすから できました。

人　木
⇩
休

よんで みよう、かいて みよう。

① 休（　　）みじかん。
② お休（　　）みする。
③ いえで □《やす》む。
④ なつ□《やす》み。

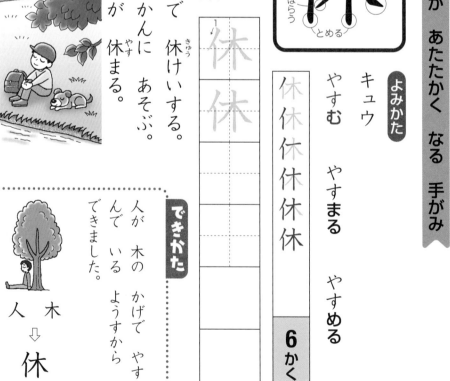

スイミー

赤

ながく　とめる　はらう　はねる

よみかた

セキ　（シャク）

あか　あかい　あから**む**　あから**める**

赤赤赤赤赤赤赤　7かく

64ページ

つかいかた

赤《せき》はんを　たべる。
赤《あか》ぐみと　白ぐみ。
赤《あか》い　ばらの　花。

できかた

火が　大きく　もえて、あかく　なった　ようすから　できました。

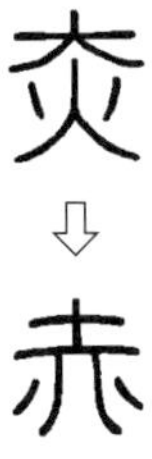

⇩ 赤

赤　「刂」は　上に　つけて　かきます。

よんで　みよう、かいて　みよう。

① 赤（　　）い　かばん。

② 赤（　　）い　えんぴつで　かく。

③ □《あか》い　くつ。

④ □《あか》い　ふくを　きる。

林

みじかく　とめる　はらう　はらう　とめる

よみかた

リン

はやし

林林林林林林林林　8かく

71ページ

つかいかた

しん林《りん》を　のこす。
しょく林《りん》する。
林《はやし》の　中を　あるく。
くりの　林《はやし》が　ひろがる。

できかた

木を　二つ　ならべて、木が　おおく　ある　ところを　あらわして　います。

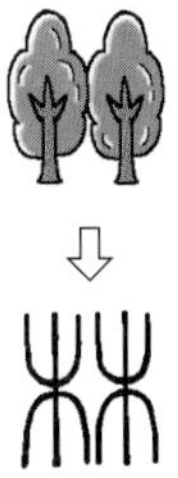

⇩ 林

かたちに　気を　つけましょう。

× 林　○ 林（はらわない。）

よんで　みよう、かいて　みよう。

① 林（　　）が　見える。

② くり　林（　　）に　いく。

③ □《はやし》の　中の　みち。

④ まつの　□《はやし》。

夕

みじかく はらう　つきださない　ながく はらう

よみかた
（セキ）
ゆう

夕夕夕

3かく

80ページ

つかいかた

夕《ゆう》がたまでに かえる。
夕《ゆう》ぐれの 空。
夕日《ゆうひ》が しずむ。
夕《ゆう》やけ小《こ》やけ。

できかた

三日月が 空に 出る ようすから できました。

⇩ 夕 ⇩ 夕

「月」と いう かん字の できかたと よく にて いますね。

よんで みよう、かいて みよう。

① 夕ぐれ。（　　）

② 夕がたまで あそぶ。（　　）

③ □《ゆう》ごはん。

④ まっかな □《ゆう》やけ。

雨

とめる　はねる

よみかた
ウ
あめ　あま

雨雨雨雨雨雨雨雨

8かく

80ページ

つかいかた

雨天《うてん》が つづく。
雨《あめ》が はげしく ふる。
雨《あま》がさと 雨《あま》ぐつ。
雨《あま》やどりを する。

できかた

あめが くもから ふって くる ようすから できました。

雨

よんで みよう、かいて みよう。

① 雨が ふる。（　　）

② 雨が 上がる。（　　）

③ □《あめ》に ぬれる。

④ にわか □《あめ》。

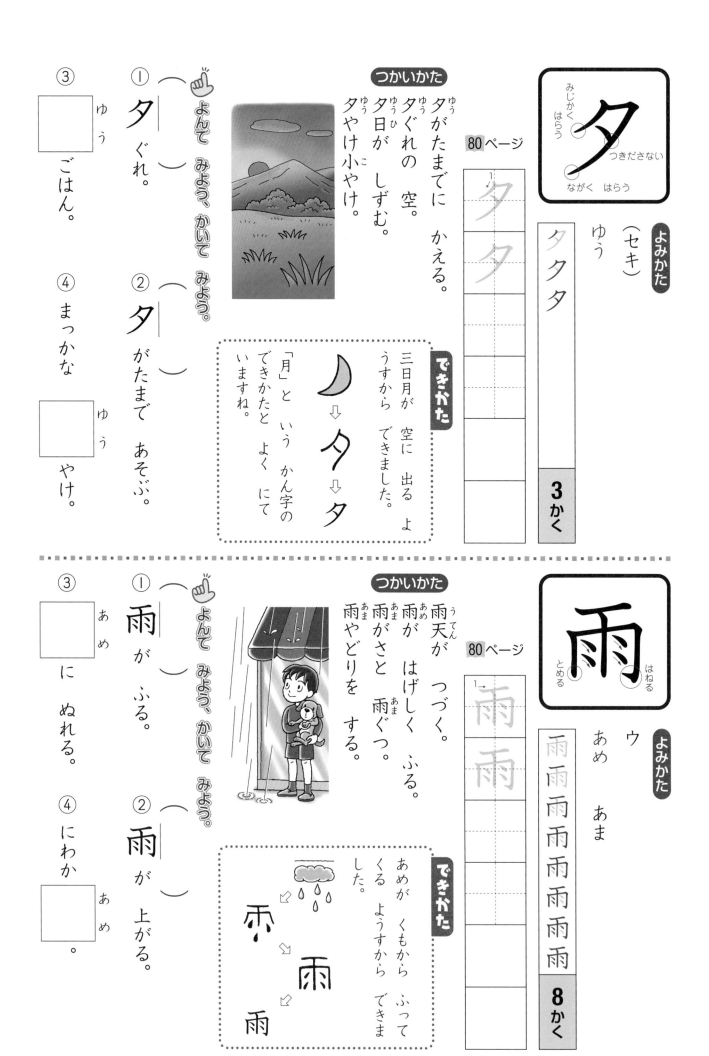

あたらしい　よみかたを　おぼえる　かん字

59ページ	59
左《サ》	右《ユウ》
左右《さゆう》	

59	59
生《セイ》《いきる》	
生《い》きる	先生《せんせい》

二かいずつ　かいて　れんしゅうしよう

本日

竹うま

左手

右手

生まれる

赤い

林の中

夕がた

雨がふる

れんしゅうのワーク かん字の ひろば② かん字の よみかた こころが あたたかく なる 手がみ／スイミー

きょうかしょ ㊦58～81ページ

こたえ 5ページ

べんきょうした日 月 日

1 あたらしい かん字を よみましょう。

① 58ページ 本日（　　）の じかんわり。

② 竹（　　）うまを つくる。

③ はりと 糸（　　）を つかう。

④ 左手（　　）を 出す。

⑤ 右手（　　）で なげる。

⑥ 左右（　　）を 見て わたる。

⑦ 子いぬが 生（　　）まれる。

⑧ しあわせに 生（　　）きる。

⑨ 先生（　　）の おはなし。

⑩ 60ページ 休（　　）み じかんに なる。

⑪ 64ページ 赤（　　）い さかなが およぐ。

⑫ いえの うらの 林（　　）。

⑬ 夕（　　）がたに なる。

⑭ 雨（　　）が ふりはじめる。

ここから はってん

✿⑮ 一生（　　）けんめい はしる。

✿⑯ はが 生（　　）える。

✿⑰ ぼうの 先（　　）。

✿⑱ 竹林（　　）に はいる。

✿は あたらしい かん字の べつの よみかたです。

2 あたらしい かん字を かきましょう。

① 58ページ □□《ほんじつ》の よてい。

② □《たけ》うまで あそぶ。

③ たこの □《いと》を のばす。

④ □□《ひだりて》の おやゆび。

⑤ □□《みぎて》で もつ。

⑥ □□《さゆう》に ゆれる。

⑦ 子うしが □《う》まれる。

⑧ 百さいまで □《い》きる。

⑨ □□《せんせい》と うたう。

⑩ 60ページ □《やす》みじかんが おわる。

⑪ 64ページ □《あか》い いろがみ。

⑫ □《はやし》の 中を すすむ。

⑬ □《ゆう》がたの くも。

⑭ あさには □《あめ》が やんだ。

3 もう 一ど あたらしい かん字を かきましょう。

① くつの □《みぎ》と □《ひだり》。

② □《いと》でんわを つくる。

③ □《あか》い 車が はしる。

④ □□《ほんじつ》の 天気。

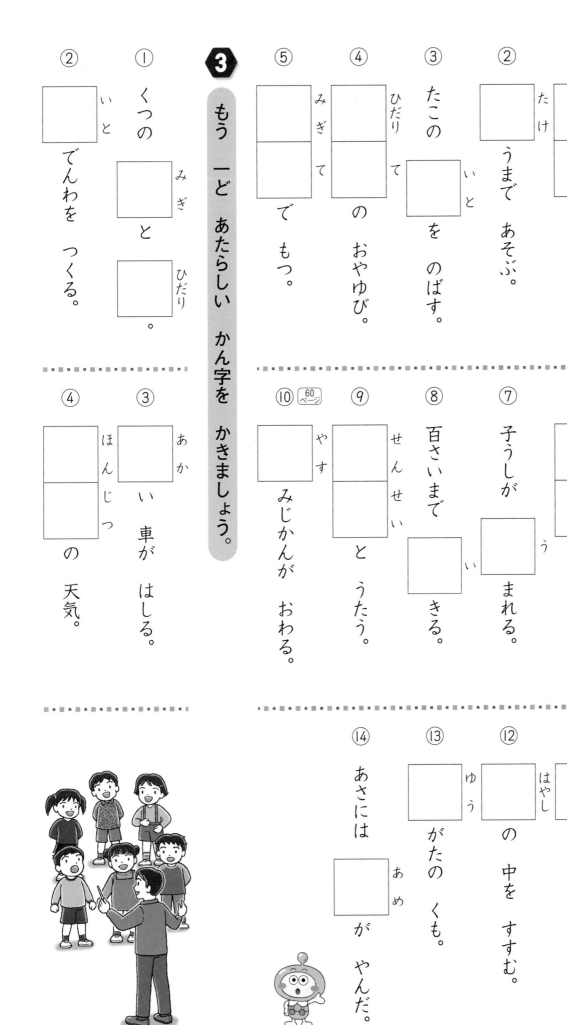

ふゆ休み まとめのテスト①

きょうかしょ 上98～下81ページ
こたえ 5ページ
じかん 20ぷん
とくてん　/100てん
べんきょうした日　月　日

1 ――せんの かんじの よみかたを かきましょう。 一つ2（24てん）

① 日（　）が しずんで 月（　）が でる。
② 田（　）んぼで はたらく 人（　）。
③ あには 四（　）月から 五（　）年生だ。
④ たん生日は 七（　）月 十（　）八（　）日だ。
⑤ 大（　）きい じどう 車（　）が とまる。
⑥ あさ 早（　）く にわに 水（　）を まく。

2 □に かんじを かきましょう。 一つ2（24てん）

① □《ひ》を けす。
② □《き》に のぼる。
③ かん□《じ》を かく。
④ あなが □《ふた》つ。
⑤ □《ろく》まいの はっぱ。
⑥ □《く》じに ねる。
⑦ うみを □《み》る。
⑧ □《ぶん》を よむ。
⑨ □《しろ》い ねこ。
⑩ □《つち》を ほる。
⑪ じぶんの □《な》前《まえ》。
⑫ そとに □《だ》す。

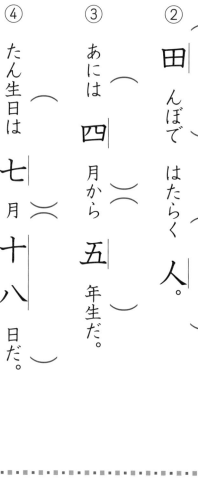

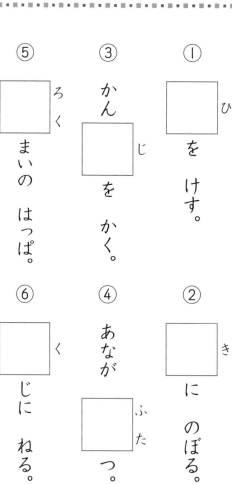

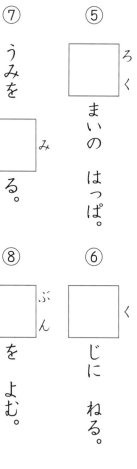

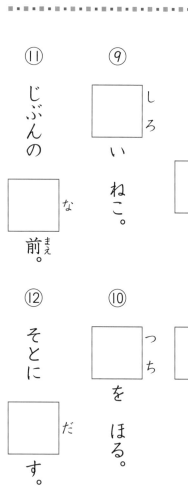

3 つぎの かんじは なんかいで かきますか。□に すうじを かきましょう。 一つ4(8てん)

① 糸 □かい

② 子 □かい

4 つぎの えから どんな かんじが できましたか。□に かんじを かきましょう。 一つ4(20てん)

①  …… □

② 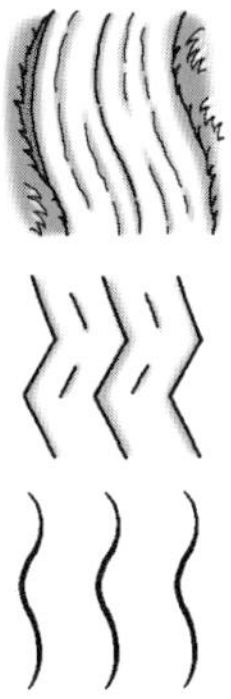 …… □

③  …… □

④ 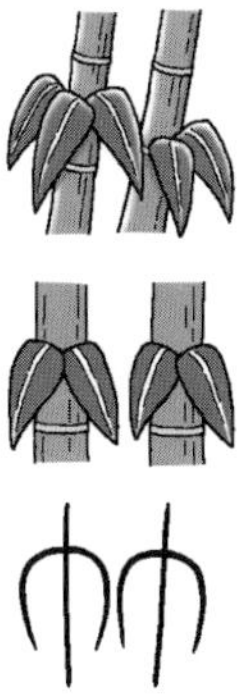 …… □

⑤ 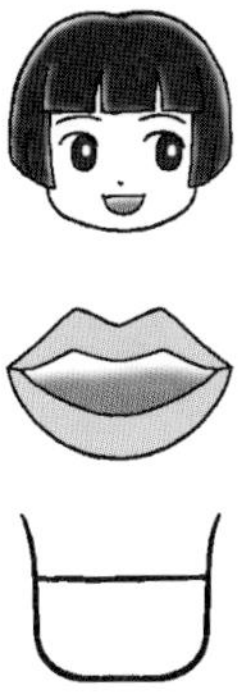 …… □

5 つぎの えの ものの かずを かぞえて、□に かんじを つかって かきましょう。 一つ4(8てん)

(れい)  一こ

①  □

② 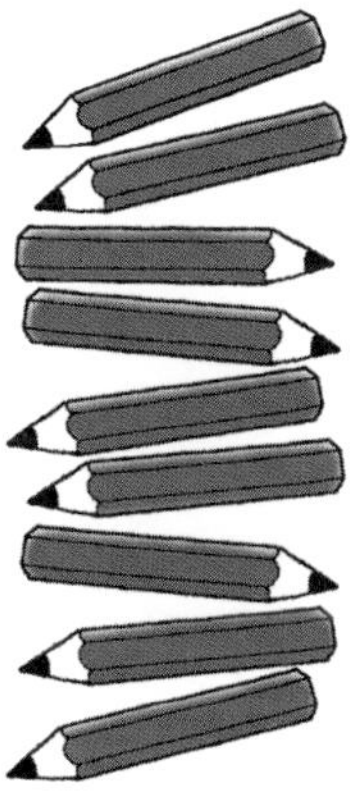 □

6 つぎの かんじの ぶぶんと くみあわせる ことの できる ぶぶんを □から えらんで かんじを つくり、□に かきましょう。 一つ4(16てん)

① 宀 □

② 化 □

③ 穴 □

④ 日 □

工 立 艹 子

ふゆ休み まとめのテスト❷

きょうかしょ　㊤98～㊦81ページ
こたえ　6ページ

じかん 20ぷん

とくてん　　/100てん

べんきょうした日　　月　日

1 ――せんの かん字の よみかたを かきましょう。 一つ2（24てん）

① はるの 花見（　　）や あきの 虫（　　）の こえ。

② 力（　　）いっぱい 空（　　）に 手を のばす。

③ 耳（　　）を すまして 音（　　）を きく。

④ 小（　　）さな はこの 中（　　）。

⑤ 糸（　　）の はしを 左手（　　）で ひっぱる。

⑥ 夕（　　）がたから 雨（　　）に なる。

2 □に かん字を かきましょう。 一つ2（24てん）

① お□□《しょうがつ》。

② □《かな》づちを つかう。

③ □《め》を とじる。

④ □□《ひゃくにち》が たつ。

⑤ □《た》ちふさがる。

⑥ 何《なん》□《ぜん》もの ほし。

⑦ □《てん》に とどく。

⑧ □《き》を つける。

⑨ □□《ほんじつ》。

⑩ □《たけ》うまに のる。

⑪ □《やす》みじかん。

⑫ □《はやし》を あるく。

3 つぎの かん字の ただしい かきじゅんに、○を つけましょう。 一つ2（4てん）

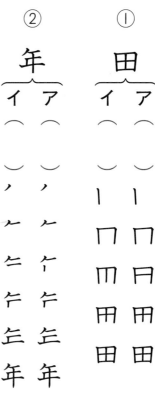

① 田
ア（　）丨 冂 冃 田 田
イ（　）丨 冂 冂 田 田

② 年
ア（　）ノ 𠂉 𠂉 𠂉 𠀋 年
イ（　）ノ 𠂉 𠂉 𠂉 𠀋 年

4 □に ようびの かん字を かきましょう。 一つ3（21てん）

スタート
□《にち》ようび ↓
□《げつ》ようび ↓
□《か》ようび ←
□《すい》ようび ←
□《もく》ようび ↑
□《きん》ようび ↑
□《ど》ようび →

5 よみかたの ちがいに きを つけて、——せんの かん字の よみかたを かきましょう。 一つ3（18てん）

①
1 つくえの 上。（　）
2 あしを たかく 上げる。（　）

②
1 にもつを 下に おろす。（　）
2 テレビの 音を 下げる。（　）

③
1 子どもが 生まれる。（　）
2 ひゃくさいまで 生きる。（　）

6 ——せんの いろを あらわす かん字を かきましょう。 一つ3（9てん）

① あおい うみが ひろがる。　□い
② しろい くもが うかぶ。　□い
③ あかい ポストが ある。　□い

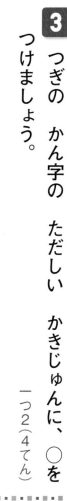

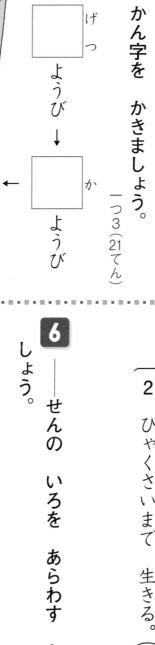

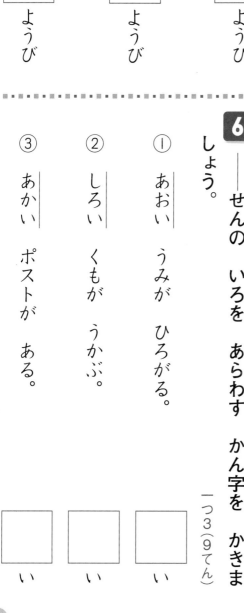

きほんのワーク

ことばの ひろば② 文を つくろう
かん字の ひろば③ かわる よみかた

きょうかしょ 下102～105ページ

こたえ 6ページ

べんきょうした日　月　日

◆「よみかた」の 赤い 字は きょうかしょで つかわれて いる よみです。

ことばの ひろば② 文を つくろう

男（つきだす・はらう・はねる）

よみかた　ダン　ナン
おとこ

男男男男男男男　7かく

102ページ

つかいかた

男子《だんし》が あつまる。
ぼくは ちょう男《なん》です。
男《おとこ》の子の ぼうし。

よんで みよう、かいて みよう。

① 小がく生の 男（　　）の子。

② つよい 男（　　）たち。

③ □《おとこ》の きょうだい。

④ □《おとこ》の 人。

女（すこし だす・はらう・とめる）

よみかた　ジョ　（ニョ）　（ニョウ）
おんな　（め）

女女女　3かく

103ページ

つかいかた

女子《じょし》の かずが おおい。
女王《じょおう》さまが きた。
女《おんな》の子が いる。

よんで みよう、かいて みよう。

① げん気な 女（　　）の子。

② 女（　　）の 赤ちゃん。

③ □《おんな》の 人。

④ □《おんな》と 男。

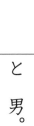

円

つきださない
とめる
はねる

よみかた
エン
まるい

円円円円
4かく

105ページ

円
円

つかいかた
百円《ひゃくえん》を はらう。
大《おお》きな 円《えん》ばん。
円《まる》く きりぬく。

おぼえよう
日本《にほん》の お金は「円」で かぞえます。
アメリカは「ドル」、中国《ちゅうごく》は「元《げん》」です。

よんで みよう、かいて みよう。

① 円（　　　）けいの 花だん。
② 円（　　　）を えがく。
③ ［ひゃく］［えん］だま。
④ 小さい［えん］。

学

とめる
はねる

よみかた
ガク
まなぶ

学学学学学学学学
8かく

105ページ

学
学

つかいかた
中学校《ちゅうがっこう》の 生と。
げん気な 小学生《しょうがくせい》。
大学《だいがく》を 見学《けんがく》する。
先生から 学《まな》ぶ。

ちゅうい
かたちに 気を つけましょう。
学 ×学
かたかなの「ツ」の ように。
「字」と かたちが よく にて いるので、気を つけましょう。

よんで みよう、かいて みよう。

① 小学生（　　　）。
② にゅう学（　　　）しき。
③ ［だい］［がく］。
④ ［けん］［がく］する。

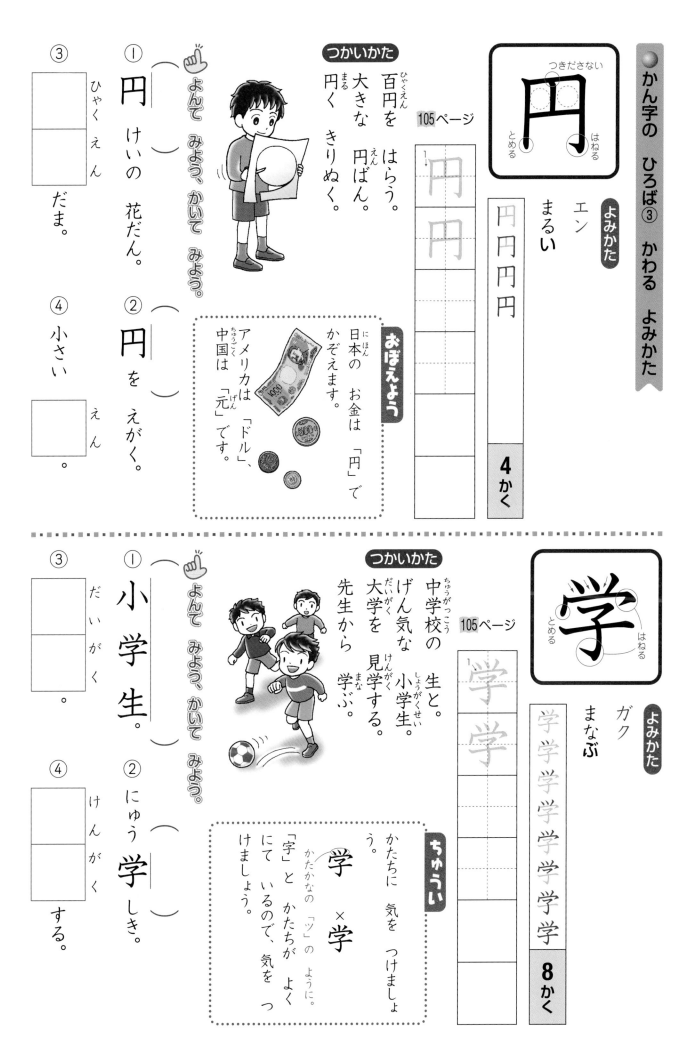

校

みじかく　とめる　とめる　はらう　とめる　はらう

よみかた
コウ

10かく

校校校校校校校校校校

105ページ

校校

つかいかた

中学校《ちゅうがっこう》の　校《こう》てい。
学校《がっこう》に　かよう。
下校《げこう》の　じかんに　なる。
校《こう》ちょう先生の　あいさつ。

ちゅうい

校　左がわの　ぶぶんは「木」と　かたちが　ちがいます。

木（みじかい　とめる　みじかい）

木（ながい　はらう　ながい）

よんで　みよう、かいて　みよう。

①（　　）
校　かを　うたう。

②（　　）
校　ちょう先生。

③ □□□《ちゅうがっこう》。

④ ひろい　□《こう》てい。

草

ながく　おなじ　ながさ

よみかた
ソウ
くさ

9かく

草草草草草草草草草

105ページ

草草

つかいかた

やく草《そう》を　とる。
にわの　花と　草《くさ》。
草木《くさき》が　しげる。
水草《みずくさ》が　ゆれる。

できかた

「艹」は、くさの　かたちから　できました。

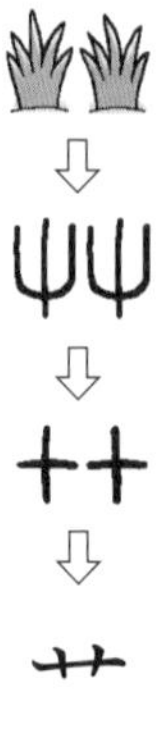

「艹」の　つく　かん字には　ほかに「花」などが　あります。

よんで　みよう、かいて　みよう。

① みどりの（　　）
草。

②（　　）
草　かりを　する。

③ □《くさ》が　生える。

④ □《くさ》もちを　たべる。

玉

わすれない
ながく

よみかた

ギョク
たま

玉玉玉玉玉

5かく

105ページ

つかいかた

玉《ぎょく》せきが いりまじる。
け糸の 玉《たま》。
水玉《みずたま》もようの ふく。
しゃぼん玉《だま》を つくる。

ちゅうい

「玉」は、まるい ものや うつくしい ものの こと。
ボールの 「たま」は、べつの 字を つかいます。

玉《たま》

さいごの 「丶」(てん)を わすれずに かきましょう。

よんで みよう、かいて みよう。

① 青い 玉（　　）が ひかる。

② 目玉（　　）やき。

③ □□《たまて》ばこの 中。

④ □□《おおだま》。

村

みじかく　とめる
はらう
とめる
はねる

よみかた

ソン
むら

村村村村村村村

7かく

105ページ

つかいかた

村《そん》ちょうを えらぶ。
村《むら》の 人たち。
まちと 村《むら》の やくば。
にぎやかな 村《むら》まつり。

ちゅうい

左がわの ぶぶんの 「木」の かきかたに ちゅういしましょう。(76ページ)
「木」の つく かん字には ほかに 「校」や 「林」 などが あります。

よんで みよう、かいて みよう。

① 村（　　）はずれ。

② 村（　　）に すむ。

③ □《むら》の まつり。

④ □□《むらびと》たち。

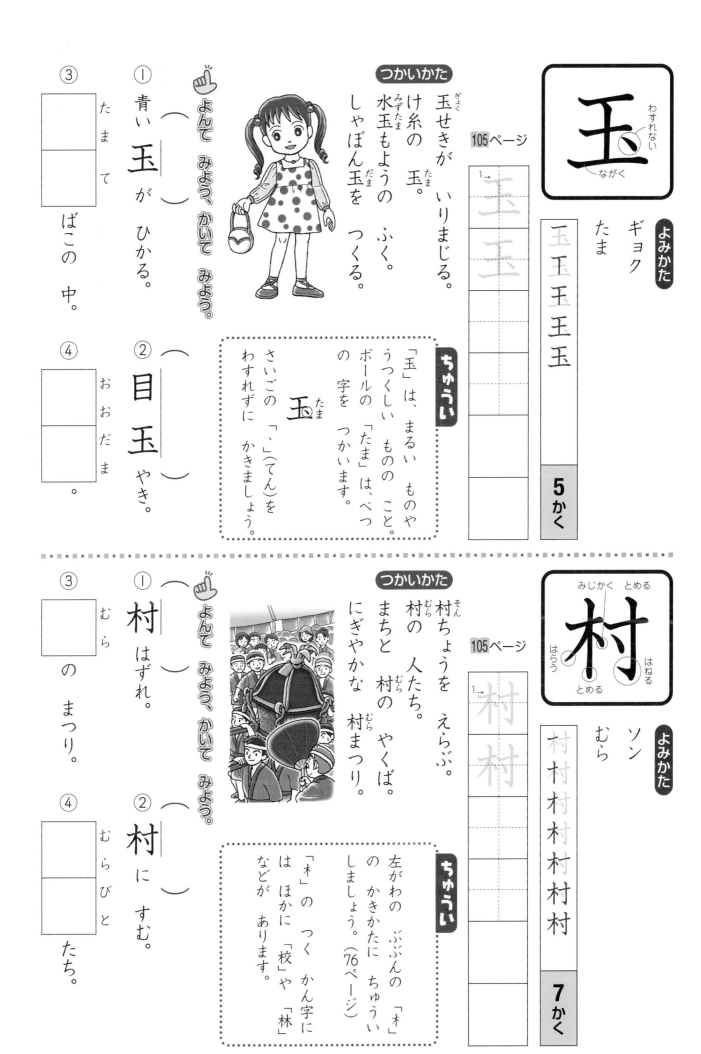

れんしゅうのワーク

ことばの ひろば② 文を つくろう
かん字の ひろば③ かわる よみかた

きょうかしょ ㊦102〜105ページ

こたえ 7ページ

べんきょうした日 月 日

1 あたらしい かん字を よみましょう。

① 102ページ 男（　　）のこが なく。

② 女（　　）のこが うたう。

③ 104ページ 百円（　　）の ノート。

④ 中学校（　　）の 先生。

⑤ 草（　　）と はなの 名前《まえ》。

⑥ 大きな 玉（　　）が ころがる。

⑦ ちいさな 村（　　）に すむ。

ここから はってん

✿⑧ 男子（　　）が 先に いく。

✿⑨ 女子（　　）が あつまる。

✿⑩ 円（　　）い まどの いえ。

✿⑪ やく 草（　　）を そだてる。

✿⑫ 村（　　）ちょうが きまる。

2 あたらしい かん字を かきましょう。

① 102ページ □《おとこ》のこが 立って いる。

② □《おんな》のこが 三人 おおい。

③ 104ページ □□《ひゃく えん》を もらう。

✿は あたらしい かん字の べつの よみかたです。

④ □□□《ちゅうがっこう》。

⑤ □《くさ》を ぬく。

⑥ ひかる □《たま》の かざり。

⑦ □《むら》を とおる みち。

ここから はってん

✿⑧ □□《だんし》の チーム。

✿⑨ □《まる》い テーブル。

✿⑩ あたらしい □《そん》ちょう。

3 文を かきましょう。——は かん字で かきましょう。（ふとい 字は、この かいで ならった かん字を つかった ことばです。）

① **おとこ**のこが やすむ。

② ちいさな **おんな**のこ。

③ **ひゃくえん**の ガラスの **たま**。

④ やまおくの **ちゅうがっこう**。

⑤ はなや **くさ**が すきだ。

⑥ くるまで **むら**へ いく。

きほんのワーク

ことばの ひろば③ ことばで つたえよう かん字の ひろば④ にて いる かん字／お手がみ

きょうかしょ 下110～139ページ

こたえ 7ページ

べんきょうした日　月　日

ことばの ひろば③ ことばで つたえよう／かん字の ひろば④ にて いる かん字／お手がみ

◆「よみかた」の 赤い 字は きょうかしょで つかわれて いる よみです。

入

はらう　はらう

よみかた

ニュウ

いる　いれる　はいる

2かく

111ページ

入 入

つかいかた

入学《にゅうがく》しき。 入《い》り口。

かばんに 本を 入《い》れる。

ノートが 入《はい》って いる。

よんで みよう、かいて みよう。

① はこに 入って いる。（　　）

② そとから 入る。（　　）

③ みせの 中に □《はい》る。

④ にわに □《はい》る。

石

つきださない　はらう　したを みじかく

よみかた

セキ　シャク　（コク）

いし

5かく

118ページ

石 石 石 石 石

つかいかた

火山の がん石《せき》。

てつは じ石《しゃく》に くっつく。

にわの 石《いし》。 石《いし》だん。

よんで みよう、かいて みよう。

① 石だんを のぼる。（　　）

② かたい 石。（　　）

③ かわらの □□《こいし》。

④ □《いし》を ひろう。

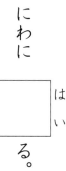

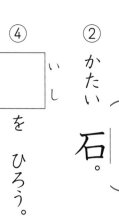

犬

わすれない
はらう

よみかた ケン
いぬ

犬犬犬犬

4かく

119ページ

つかいかた

名犬《めいけん》と いわれた 犬《いぬ》。
かしこい ばん犬《けん》。
かわいい 犬《いぬ》を かう。
犬《いぬ》ごやを つくる。

できかた

いぬの かたちから できました。

⇩

⇩

犬

かたちの にて いる 字に 気を つけましょう。

犬《いぬ》 ― 大《おおきい》

よんで みよう、かいて みよう。

① 犬 かきで およぐ。 （　　）

② となりの 犬。 （　　）

③ □《いぬ》が ほえる。

④ のら□《いぬ》が いる。

王

すこし みじかく
さいごは ながく

よみかた オウ
―

王王王王

4かく

119ページ

つかいかた

エジプトの 王《おう》の はか。
あたらしい 王《おう》。
はだかの 王《おう》さま。
やさしい 女王《じょおう》さま。

ちゅうい

よみかたを かく ときは 「おう」です。「おお」では ないので 気を つけましょう。

よんで みよう、かいて みよう。

① がいこくの 王さま。 （　　）

② はつめい 王。 （　　）

③ □《おう》の けらい。

④ □□《おうじ》さま。

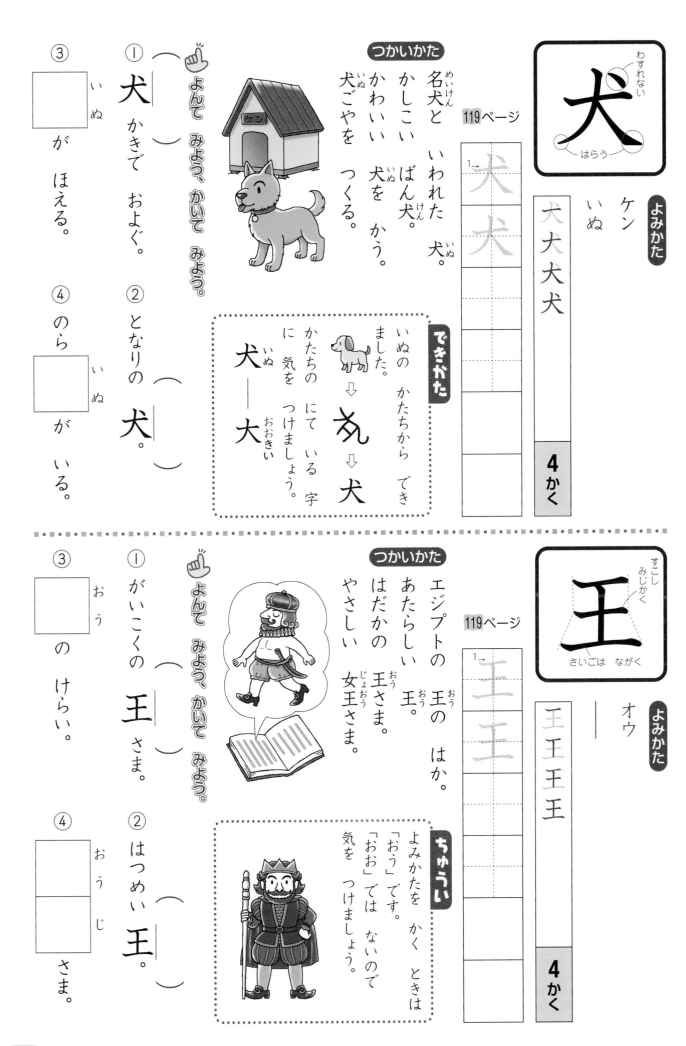

町

はねる

よみかた
チョウ
まち

7かく

119ページ

つかいかた
し町村《ちょうそん》の　名前《まえ》。
町《ちょう》ちょうの　あいさつ。
町《まち》の　人口を　しらべる。
わたしの　すむ　町《まち》。

おぼえよう
「町《まち》」は、「村《むら》」よりも　すんで　いる　人が　おおい　ところを　さします。
「町」よりも　すんで　いる　人が　おおい　ところを、「市《し》」と　いいます。
（「市」は　二年で　ならいます。）

よんで　みよう、かいて　みよう。

① みなと　町（　　）に　すむ。
② 町（　　）に　出る。
③ 大きな　□《まち》。
④ となり　□《まち》に　いく。

森

はらう　みじかく　とめる

よみかた
シン
もり

12かく

119ページ

つかいかた
森林《しんりん》を　まもる。
森林《しんりん》こうえんに　いく。
ふかい　森《もり》に　入る。
おいしげった　森《もり》の　中。

できかた
木が　たくさん　あつまって、もりに　なりました。

「木」が　ふえると、いみが　かわります。
木 ⇩ 林 ⇩ 森

よんで　みよう、かいて　みよう。

① 森（　　）に　すむ　りす。
② 林や　森（　　）。
③ みどりの　□《もり》。
④ □《もり》の　どうぶつ。

貝

はらう　とめる

よみかた
かい

貝貝貝貝貝貝貝
7かく

119ページ

つかいかた

貝《かい》を　ひろう。
二まいの　貝《かい》がら。
貝《かい》づかを　ほる。
まき貝《がい》の　なかま。

できかた

かいの　かたちから　できました。

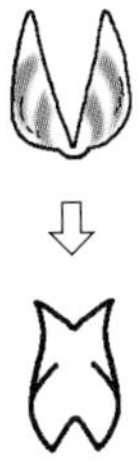

⇩
貝

かたちの　にて　いる　かん字に　気を　つけましょう。

貝《かい》——見《みる》

よんで　みよう、かいて　みよう。

①（　　）貝　あわせを　する。

②（　　）貝を　あつめる。

③ [　]《かい》がらを　ひろう。

④ しんじゅ[　]《がい》。

足

はらう

よみかた
ソク
あし　**たりる**
たる
たす

足足足足足足足
7かく

119ページ

つかいかた

えん足《そく》に　いく。
足《あし》が　はやい。
千円で　足《た》りる。
五に　三を　足《た》す。

できかた

あしの　かたちから　できました。

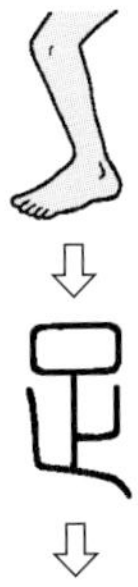

⇩
足

からだの　ぶぶんを　あらわす　ことばには、ほかに　「手」「耳」「口」「目」　などが　あります。

よんで　みよう、かいて　みよう。

① ハムスターの　（　　）足。

② 大きな　[　]《あし》。

とくべつな　よみかたの　ことば

125ページ 二人	ふたり
138 一人	ひとり

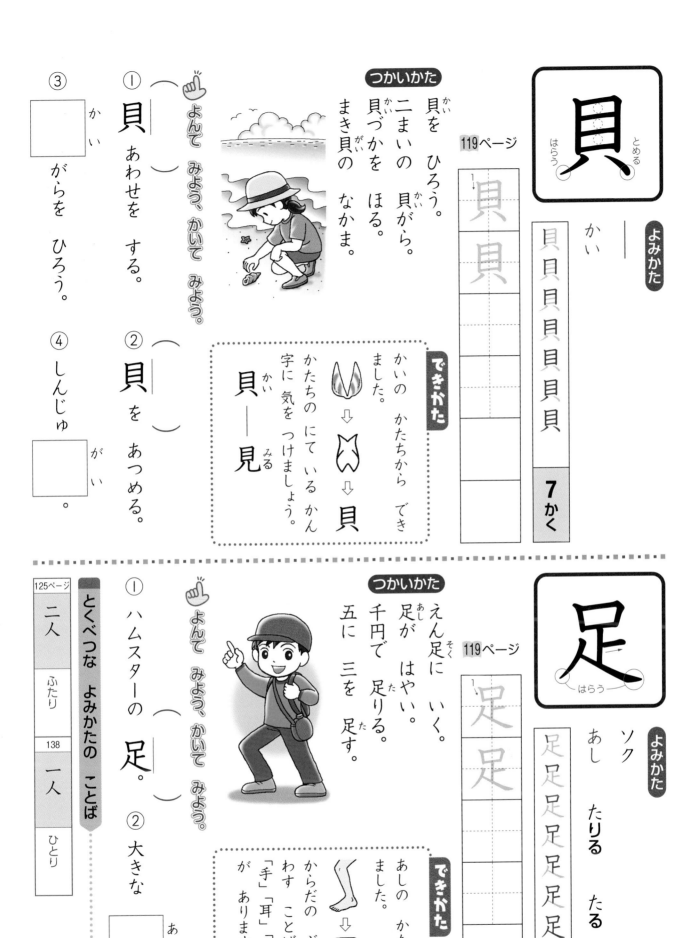

れんしゅうのワーク

ことばの　ひろば③　ことばで　つたえよう
かん字の　ひろば④　にて　いる　かん字／お手がみ

きょうかしょ　下110～139ページ

こたえ　7ページ

べんきょうした日　月　日

1 あたらしい　かん字を　よみましょう。

① 110ページ　にくが（　）入って　いる。

② 118ページ　石（　）を　ひろう。

③ 犬（　）が　はしる。

④ 王（　）さまの　かんむり。

⑤ 町（　）に　ある　こうえん。

⑥ 森（　）に　すむ　どうぶつ。

⑦ きれいな　貝（　）を　見つける。

⑧ 足（　）と　手を　あらう。

⑨ 122ページ　二人（　）で　まつ。

⑩ 一人（　）で　本を　よむ。

ここから　はってん

✿⑪ 四月に　入学（　）した。

✿⑫ じ石（　）に　つく　もの。

✿⑬ ハチは　名犬（　）だ。

✿⑭ 森林（　）が　ひろがる。

✿⑮ はるの　えん足（　）。

2 あたらしい　かん字を　かきましょう。

✿は　あたらしい　かん字の　べつの　よみかたです。

① 110ページ へやに □《はい》る。

② 118ページ 小さな □《いし》が ある。

③ 大きな □《いぬ》が ほえる。

④ □《おう》さまの マント。

⑤ □《まち》の じどうかん。

⑥ □《もり》を とおりぬける。

⑦ うみで □《かい》を ひろう。

⑧ きりんの □《あし》は ながい。

⑨ 122ページ □□《ふたり》で あそぶ。

⑩ □□《ひとり》で 出かける。

ここから はってん

✿⑪ □□《にゅうがく》を いわう。

✿⑫ じ□《しゃく》で じっけんする。

✿⑬ □□《めいけん》の おはなし。

✿⑭ □□《しんりん》を まもる。

✿⑮ えん□《そく》が たのしみだ。

3 もう いちど あたらしい かん字を かきましょう。

① くつに □《いし》が □《はい》る。

② 力づよい □《あし》ぶみ。

③ □《もり》に 雨が ふる。

④ □《おう》さまの □《いぬ》。

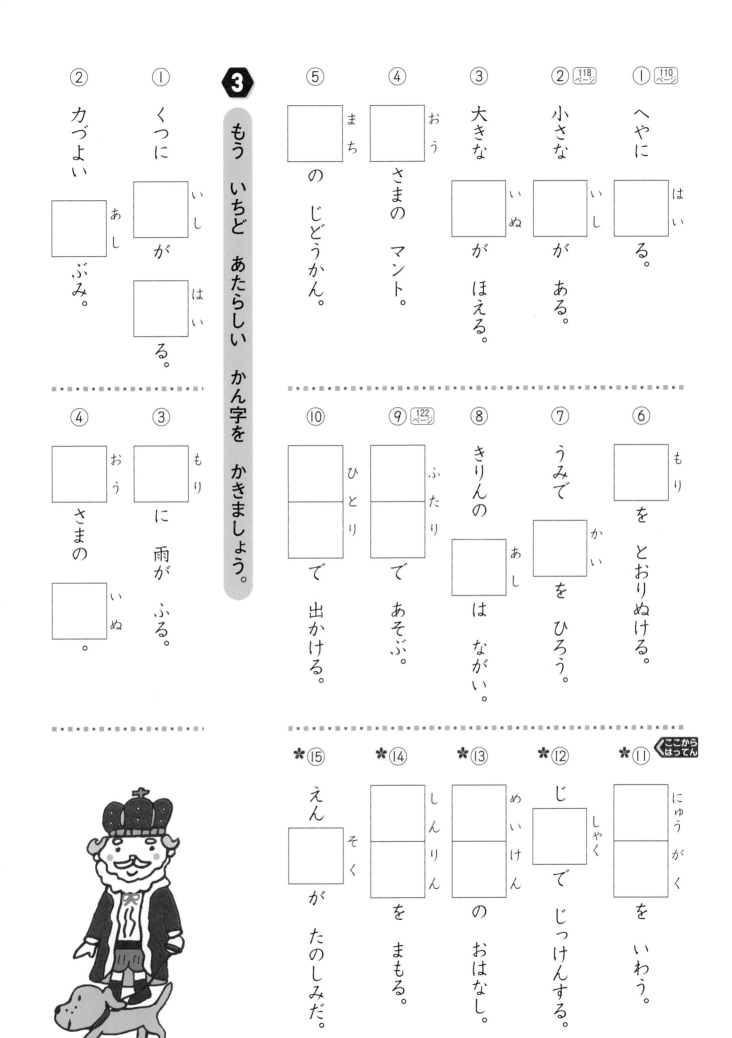

1年 しあげのテスト

こたえ 7ページ

じかん 20ぷん

とくてん　　/100てん

べんきょうした日　　月　日

1 ——せんの かん字の よみかたを かきましょう。 一つ2（20てん）

① （　　）女の子と （　　）男の子に わかれる。

② （　　）草むらで （　　）百円を 見つける。

③ （　　）中学校の まえを とおる。

④ （　　）村の 中に （　　）入る みちを さがす。

⑤ （　　）二人で はまべで （　　）貝を ひろう。

⑥ （　　）一人ずつ かんがえを いう。

2 □に かん字を かきましょう。 一つ2（20てん）

① □《て》を ふる。

② しゃぼん□《だま》。

③ まるい □《いし》。

④ 小さい □《いぬ》。

⑤ □《おう》さま。

⑥ □《まち》へ いく。

⑦ くらい □《もり》の 中。

⑧ ぞうの □《あし》。

⑨ 小さい □《むし》が あつまる。

⑩ □《た》んぼに かかしが 立って いる。

❸ ①一 ②木 ③二 ④山 ⑤火 ⑥三
⑦日

かん字の　はじまり

26〜29ページ　きほんのワーク

◆26ページ◆
字 ①じ ②じ ③字 ④字
上 ①うえ ②うえ ③上 ④上
◆27ページ◆
下 ①した ②した ③下 ④下
人 ①ひと ②ひと ③人 ④人
◆28ページ◆
川 ①かわ ②かわ ③川 ④川
子 ①こ ②こ ③子 ④子
◆29ページ◆
口 ①くち ②くち ③口 ④口
田 ①た ②た ③田 ④田

30・31ページ　れんしゅうのワーク

❶ ①じ ②うえ ③した ④ひと ⑤かわ
⑥こ ⑦くち ⑧た ⑨じ ⑩こ ⑪た
⑫あ ⑬さ ⑭さんにん ⑮し

❷ ①字 ②上 ③下 ④人 ⑤川 ⑥子
⑦口 ⑧田 ⑨字 ⑩子 ⑪上 ⑫下
⑬三人

❸ ①山の　上に　たつ。
②木の　下で　やすむ。
③川で　子どもが　あそぶ。

だれが、たべたのでしょう
たのしかった　ことを　かこう
かぞえよう

32〜35ページ　きほんのワーク

◆32ページ◆
四 ①よん ②よっ ③四・四 ④四
五 ①いつ ②ごがつ ③五 ④五
◆33ページ◆
六 ①ろく ②ろく ③六 ④六
七 ①なな ②なな ③七人 ④七
◆34ページ◆
八 ①はちがつ ②はち ③八 ④八
九 ①くがつ ②きゅう ③九 ④九
◆35ページ◆
十 ①じっ（じゅっ）
②じゅうがつ・とおか ③十 ④十

36・37ページ　れんしゅうのワーク

❶ ①こ ②ひと ③ふた ④みっ ⑤し
⑥よん ⑦よにん ⑧よっ ⑨ご
⑩いつ・むっ ⑪ろく ⑫しちがつ
⑬なな ⑭なな ⑮はち ⑯やっ
⑰くがつ ⑱きゅう ⑲ここの
⑳じゅうがつとおか ㉑じっ（じゅっ）

❷ ①木 ②一 ③二 ④三・四 ⑤四
⑥四人・五 ⑦四 ⑧五・六 ⑨六
⑩七月 ⑪七 ⑫七・八 ⑬八 ⑭九月
⑮九 ⑯九 ⑰十月十日 ⑱十

●教科書　ひろがることば　しょうがくこくご　一下

しらせたいな、いきものの　ひみつ
はたらく　じどう車
「のりものカード」で　しらせよう　ほか

38〜43ページ　きほんのワーク

◆38ページ◆
見 ①み ②み ③見 ④見
文 ①ぶん ②ぶん ③文 ④文
◆39ページ◆
白 ①しろ ②しろ ③白 ④白
車 ①しゃ・しゃ ②車 ③車

◆40ページ◆

手 ①て ②て ③手 ④手

大 ①おお ②おお ③大 ④大

◆41ページ◆

土 ①つち ②つち ③土 ④土

水 ①みず ②みず ③水 ④水

◆42ページ◆

名 ①な ②な ③名 ④名

出 ①だ ②だ ③出 ④出

◆43ページ◆

早 ①はや ②ばや ③早口 ④早

44・45ページ れんしゅうのワーク

1 ①み ②ぶん ③しろ ④み ⑤しゃ
⑥て ⑦おお ⑧つち ⑨みず ⑩な
⑪だ ⑫はや

2 ①見 ②文 ③白 ④見 ⑤車 ⑥手
⑦大 ⑧土 ⑨水 ⑩名 ⑪出 ⑫早

3 ①土 ②名 ③水 ④車 ⑤手 ⑥出
⑦白 ⑧見 ⑨文 ⑩大

かん字の ひろば① 日づけと よう日

46〜48ページ きほんのワーク

◆46ページ◆

金 ①きん ②きん ③金 ④金

正 ①しょうがつ ②しょう
③正 ④正月

◆47ページ◆

花 ①はなみ ②はな ③花 ④花

虫 ①むし ②むし ③虫 ④虫

49・50ページ れんしゅうのワーク

1 ①ついたち ②ふつか ③はつか
④きん ⑤しょうがつ ⑥はなみ
⑦むし ⑧かな ⑨ごん ⑩かね
⑪せい ⑫ただ ⑬ただ ⑭まさ
⑮か ⑯ちゅう

2 ①一日 ②二日 ③二十日 ④金
⑤正月 ⑥花見 ⑦虫 ⑧金 ⑨金
⑩正 ⑪花 ⑫虫

3 ①虫 ②花 ③正月 ④金

うみへの ながい たび
ことばの ぶんか① 天に のぼった おけやさん
ことばの ひろば① かたかな

51〜57ページ きほんのワーク

◆51ページ◆

青 ①あお ②あお ③青 ④青

空 ①そら ②あおぞら ③空 ④空

◆52ページ◆

目 ①め ②め ③目 ④目

百 ①ひゃくにち ②ひゃく
③百 ④八百

◆53ページ◆

耳 ①みみ ②みみ ③耳 ④耳

音 ①おと ②おと ③音 ④音

◆54ページ◆

立 ①た ②た ③立 ④立

年 ①にねん ②ねん ③年 ④年

◆55ページ◆

千 ①せん ②ぜん ③五千 ④千

力 ①ちから ②ちから ③力 ④力

◆56ページ◆

天 ①てん ②てん ③天 ④天

中 ①なか ②なか ③中 ④中

◆57ページ◆

気 ①き ②き ③気 ④天気

小 ①ちい ②ちい ③小 ④小

58〜60ページ れんしゅうのワーク

❶ ①あお ②そら ③め ④ひゃくにち
⑤みみ ⑥おと ⑦た ⑧にねん
⑨ぜん ⑩ちから ⑪てん ⑫なか
⑬き ⑭ちい ⑮おん ⑯とし
⑰くうちゅう ⑱しょう

❷ ①青 ②空 ③目 ④百日 ⑤耳 ⑥音
⑦立 ⑧二年 ⑨千 ⑩力 ⑪天 ⑫中
⑬気 ⑭小 ⑮音 ⑯年 ⑰空中 ⑱小

❸ ①目 ②耳 ③気 ④千・百 ⑤中
⑥青空 ⑦音

❹ ①青い 空と うみ。
②ぞうの 耳は 大きい。
③気を つけて だいに 立つ。
④いつもより 力が 出る。
⑤水の 中で およぐ。
⑥小さい 花が さく。

かん字の ひろば② かん字の よみかた
こころが あたたかく なる 手がみ
スイミー

61〜67ページ きほんのワーク

◆61ページ◆
本 ①ほん ②ほんじつ ③本 ④手本
竹 ①たけ ②たけ ③竹 ④竹

◆62ページ◆
糸 ①いと ②いとぐるま ③糸 ④糸
左 ①ひだりて ②さ ③左 ④左

◆63ページ◆
右 ①みぎ ②みぎ ③右手 ④左右
生 ①い ②せい ③生 ④生

◆64ページ◆
先 ①せんじつ ②せんせい ③先生 ④先
休 ①やす ②やす ③休 ④休

◆65ページ◆
赤 ①あか ②あか ③赤 ④赤
林 ①はやし ②ばやし ③林 ④林

◆66ページ◆
夕 ①ゆう ②ゆう ③夕 ④夕
雨 ①あめ ②あめ ③雨 ④雨

68・69ページ れんしゅうのワーク

❶ ①ほんじつ ②たけ ③いと
④ひだりて ⑤みぎて ⑥さゆう
⑦う ⑧い ⑨せんせい ⑩やす
⑪あか ⑫はやし ⑬ゆう ⑭あめ
⑮いっしょう ⑯は ⑰さき
⑱ちくりん

❷ ①本日 ②竹 ③糸 ④左手 ⑤右手
⑥左右 ⑦生 ⑧生 ⑨先生 ⑩休
⑪赤 ⑫林 ⑬夕 ⑭雨

❸ ①右・左 ②糸 ③赤 ④本日

ふゆ休み まとめのテスト①・②

70・71ページ まとめのテスト❶

1 ①ひ・つき ②た・ひと ③し・ご
④しち・じゅうはち ⑤おお・しゃ
⑥はや・みず

2 ①火 ②木 ③字 ④二 ⑤六 ⑥九
⑦見 ⑧文 ⑨白 ⑩土 ⑪名 ⑫出

3 ①6(六) ②3(三)

4 ①山 ②川 ③手 ④竹 ⑤口

5 ①三さつ　②九本(九ほん)

6 ①字　②花　③空　④音

てびき

1 ③「四」は、「し・よ・よ-つ・よっ-つ・よん」の読み方があります。

2 ①「ひ」と読む漢字には「火」や「日」などがあります。意味を覚えて正しく使い分けましょう。

3 ①折れて書く画に注意しましょう。一画め「糸」と二画め「糸」は折れて一画で書きます。
②一画めと二画めをつなげて書いてしまわないように気をつけましょう。

4 いちばん上の絵が何を表しているかをよく見て考えます。だんだんと絵が変化していく様子をとらえて、最後にどんな字になるのかを想像してみましょう。

5 ①の本は「さつ」、②のえんぴつは「本」という言葉をつけて数えます。「さつ」は本や雑誌などを、「本」は細長いものを数えるときにつける言葉です。

6 ①「字」と③「空」は上の部分の形が似ているのでまちがえないようにしましょう。

72・73ページ　まとめのテスト②

1 ①はなみ・むし　②ちから・そら　③みみ・おと　④ちい・なか　⑤いと・ひだりて　⑥ゆう・あめ

2 ①正月　②金　③目　④百日　⑤立　⑥千　⑦天　⑧気　⑨本日　⑩竹　⑪休　⑫林

3 ①イ　②イ

4 日→月→火→水→木→金→土

5 ①1うえ　2あ　②1した　2さ　③1う　2い

6 ①青　②白　③赤

てびき

1 ③「音」には、「おん」や「ね」の読み方もあります。文の意味を考えて、読むようにしましょう。

2 ⑥「千」は「十」と形が似ているので、正しく使い分けましょう。
⑧「気」の中には「メ」を書きます。
⑩「竹」は、三画めは止めて、六画めははねることに気をつけましょう。

3 ①三画めに真ん中の縦棒を書きます。
②一画めの左はらいのあとは、上から下へと書いていきます。短い縦棒は四画めに、真ん中の縦棒は最後に書きましょう。

4 曜日を表す漢字とともに、曜日の並び順も覚えておきましょう。

5 ①「上」と②「下」には、たくさんの読み方があります。文の意味をよく考えて、正しい読み方で読めるようにしましょう。
③1「生まれる」と2「生きる」の読みは、漢字のあとのひらがなの部分に注目して考えるようにします。

6 これまでに習った、色を表す漢字を書きましょう。
③「赤」の下の部分を「小」にしないように気をつけましょう。

ことばのひろば②　文を　つくろう
かん字のひろば③　かわる　よみかた

74~77ページ　きほんのワーク

◆74ページ◆

男　①おとこ　②おとこ　③男　④男

女　①おんな　②おんな　③女　④女

◆75ページ◆

円 ①えん ②えん ③百円 ④円

学 ①しょうがくせい ②がく

③大学 ④見学

◆76ページ◆

校 ①こう ②こう ③中学校 ④校

草 ①くさ ②くさ ③草 ④草

◆77ページ◆

玉 ①たま ②めだま ③玉手 ④大玉

村 ①むら ②むら ③村 ④村人

78・79ページ れんしゅうのワーク

1 ①おとこ ②おんな ③ひゃくえん
④ちゅうがっこう ⑤くさ ⑥たま
⑦むら ⑧だんし ⑨じょし ⑩まる
⑪そう ⑫そん

2 ①男 ②女 ③百円 ④中学校 ⑤草
⑥玉 ⑦村 ⑧男子 ⑨円 ⑩村

3 ①男の子が 休む。
②小さな 女の子。
③百円の ガラスの 玉。
④山おくの 中学校。
⑤花や 草が すきだ。
⑥車で 村へ いく。

ことばの ひろば③ ことばで つたえよう
かん字の ひろば④ にて いる かん字
お手がみ

80～83ページ きほんのワーク

◆80ページ◆

入 ①はい ②はい ③入 ④入

石 ①いし ②いし ③小石 ④石

◆81ページ◆

犬 ①いぬ ②いぬ ③犬 ④犬

王 ①おう ②おう ③王 ④王子

◆82ページ◆

町 ①まち ②まち ③町 ④町

森 ①もり ②もり ③森 ④森

◆83ページ◆

貝 ①かい ②かい ③貝 ④貝

足 ①あし ②足

84・85ページ れんしゅうのワーク

1 ①はい ②いし ③いぬ ④おう
⑤まち ⑥もり ⑦かい ⑧あし
⑨ふたり ⑩ひとり ⑪にゅうがく
⑫しゃく ⑬めいけん ⑭しんりん
⑮そく

2 ①入 ②石 ③犬 ④王 ⑤町 ⑥森
⑦貝 ⑧足 ⑨二人 ⑩一人 ⑪入学
⑫石 ⑬名犬 ⑭森林 ⑮足

3 ①石・入 ②足 ③森 ④王・犬

1年 しあげのテスト

86～88ページ しあげのテスト

1 ①おんな・おとこ ②くさ・ひゃくえん
③ちゅうがっこう ④むら・はい
⑤ふたり・かい ⑥ひとり

2 ①手 ②玉 ③石 ④犬 ⑤王 ⑥町
⑦森 ⑧足 ⑨虫 ⑩田

3 ①◯ ②× ③◯ ④×

4 ①生まれる ②正しい ③五つ ④休む
⑤赤い

5 ①くさばな ②あおぞら ③さんぜん
④かざん

6 ①ウ ②エ ③ア ④イ

7 ①男 ②森 ③名

8 ①耳 ②口 ③足 ④目 ⑤手

9 (順不同)天気 先生

10 ①1白 2百 ②1木 2水 3本

てびき

1 ③「学」は「ちゅうがっこう」とつまって読みます。「ちゅうがくこう」と読まないようにしましょう。
④「村」は、形の似ている「林」と区別して覚えます。
⑤「二人」、⑥「一人」は、ここでは特別な読み方をします。「ににん」「いちにん」などと読まないように気をつけましょう。

2 ②・④は「、(点)」を忘れると、それぞれ「王」「大」と別の漢字になってしまうので気をつけましょう。
⑧六画めと七画めの画のはらう向きに注意して書きましょう。

3 ③横棒を一画めに書くまちがいが多いので注意しましょう。
④「女」の書き順は「女女女」です。「くノ一《くのいち》」と覚えるとよいでしょう。

4 ①「生」には、ほかに「い(きる)」「う(む)」「は(える)」などの読み方があります。漢字のあとのひらがなの部分といっしょに覚えておきましょう。

5 それぞれ、下の漢字の読み方に気をつけます。
①「花」の読みが「はな」→「ばな」に、②「空」の読みが「そら」→「ぞら」に、③「千」の読みが「せん」→「ぜん」に、④「山」の読みが「さん」→「ざん」に変化します。

6 漢字を覚えるときは、組になる漢字や言葉をいっしょに覚えましょう。①~④以外の漢字でも、組になる漢字や言葉がないか、探してみましょう。

7 足し算の式にある二つの漢字を並べて書いてみて、正しい漢字になるか考えましょう。上と下、右と左、中に入れるなど、並べ方にはいろいろあります。

8 絵が表している体の部分をよく見て、漢字を書きましょう。「体の部分の名前を表す漢字」として、まとめて覚えておきましょう。

9 「気」には「き・け」、「生」には「せい・しょう」など、いろいろな読み方があります。読み方にも気をつけて、言葉を作りましょう。

10 ①上に横棒がつくか、つかないかでちがう漢字になります。漢字の意味と形をしっかり結びつけて覚えましょう。

②**1**「木」の横棒から書き始めます。**2**「水」の部分は折れて一画で書き、「水」の部分は二画で書きます。**1**「木」と**2**「水」は形は似ていますが、書き方がちがうので区別しましょう。

3 2 1 0 9 8 7 6 5 4
＊ ＊ D C B A